隨身佛典

中阿含經

東晉罽賓三藏瞿曇僧伽提婆 譯

隨身佛典

中阿含經

東晉罽賓三藏瞿曇僧伽提婆　譯

隨身佛典

中阿含經

東晉罽賓三藏瞿曇僧伽提婆 譯

隨身佛典

中阿含經

東晉罽賓三藏瞿曇僧伽提婆　譯

隨身佛典

中阿含經

第八冊

卷五十三～卷六十

東晉罽賓三藏瞿曇僧伽提婆 譯

◉目錄〔第八冊〕

卷六十

中阿含經卷第五十三

東晉罽賓三藏瞿曇僧伽提婆譯

（一九九）大品癡慧地經第八（第五後誦）

我聞如是：一時，佛遊舍衞國，在勝林給孤獨園。

爾時世尊告諸比丘：「我今為汝說愚癡法、智慧法，諦聽！諦聽！善思念之。」

時諸比丘受教而聽，佛言：「云何愚癡法？愚癡人有三相愚癡標、愚癡像，謂成就愚癡人說愚癡也。云何為三？愚癡人思惡思、說惡說、作惡作，是以愚癡人說愚癡也。若愚癡人不思惡思、不說惡說、不作惡作者，不應愚癡人說愚癡也。以愚癡人思惡思、說惡說、作惡作故，是以愚癡人說愚癡也。

「彼愚癡人於現法中，身心則受三種憂苦。云何愚癡人身心則受三種憂苦耶？愚癡人者，或有所行，或聚會坐，或在道巷，或在市中，或四衢頭，說愚癡人相應事也。愚癡人者，殺生、不與取、行邪婬、妄言，乃至邪見，及成就餘無量惡不善之法。若成就無量惡不善法者，他人見已，便說其惡。彼愚癡人聞已，便作是念：『若成就無量惡不善之法，他人見已，說其惡者，我亦有是無量惡不善之法，若他知者，亦當說我惡。』是謂愚癡人於現法中，身心則受第一憂苦。

「復次，彼愚癡人又見王人收捉罪人，種種苦治，謂截手、截足、并截手足，截耳、截鼻、并截耳鼻，或臠臠割，拔鬚、拔髮、或拔鬚髮，或著檻中，衣裹火燒，或以沙壅草纏火焫，或內鐵驢腹中，或著鐵猪口中，或置鐵虎口中燒，或安銅釜中，或著鐵釜中煑，或段段截，或利叉刺，或以鈎鈎，或臥鐵床以沸油澆，或坐鐵臼以鐵杵擣，或毒龍蜇，或以鞭鞭，或以杖撾，或以棒打，或活貫標頭，或梟其首。彼愚癡人見已，便作是念：『若成就無量惡不善法者，王知捉已，如是*拷治，我亦有是無量惡不善之法，若王知者，亦當苦治*拷我如是。』是謂愚癡人於現法中，身心則受第二憂苦。

「復次，彼愚癡人行身惡行，行◎口、意惡行，彼若時疾病受苦，或坐臥床，或坐臥榻，或坐臥地，身生極苦甚苦，乃至命欲斷。彼所有身惡行，口、意惡行，彼於爾時懸向在上，猶如晡時，日下高山，影懸向在地。如是彼所有身惡行，口、意惡行，彼於爾時懸向在上，彼作是念：『此是我身惡行，口、意惡行，懸向在上。我於本時不作福，多作惡；若有處作惡者，凶暴作無理事，不作福，不作善，不作恐怖，所歸命、所依怙。我至彼惡處，從是生悔；生悔已，不賢死，不善命終。』是謂愚癡人於現法中，身心則受第三憂苦。

「復次，彼愚癡人行身惡行，行口、意惡行。彼行身惡行，行口、意惡行已，因此緣此，身壞命終必至惡處，生地獄中。既生彼已，受於苦報，一向不可愛、不可樂、意不可念。若作是說：一向不可愛、不可樂、意不可念者，是說地獄。所以者何？彼地獄者，一向不可愛、不可樂、意不可念。」

爾時有一比丘即從坐起，偏袒著衣，叉手向佛，白曰：「世尊！地獄苦云何？」

世尊答曰：「比丘！地獄不可盡說，所謂地獄苦，比丘！但地獄[1]唯有苦。」

比丘復問曰：「世尊！可得以喻現其義*耶？」

世尊答曰：「亦可以喻現其義也。比丘！猶如王人*捉賊，送詣剎利頂生王所，白曰：『天王！此賊人有罪，願天王治！』剎利頂生王告曰：『汝等將去治此人罪，朝以百矛刺。』王人受教，便將去治，朝以百矛刺；彼人故活。剎利頂生王問曰：『彼人云何？』王人答曰：『天王！彼人故活。』剎利頂生王復告曰：『汝等去，日中復以百矛刺。』王人受教，日中復以百矛刺；彼人故活。剎利頂生王復問曰：『彼人云何？』王人答曰：『天王！彼人故活。』剎利頂生王復告曰：『汝等去，日西復以百矛刺。』王人受教，日西復以百矛刺，彼人故活，然彼人身一切穿決破碎壞盡，無一處完，至如錢孔。剎利頂生王復問曰：『彼人云何？』王人答曰：『天王！彼人故活，然彼身一切穿決破碎壞盡，無一處完，至如錢孔。』比丘！於意云何？若彼人一日被三百矛刺，彼人因是身心受惱極憂苦耶？」

比丘答曰：「世尊！被一矛刺尚受極苦，況復一日受三百矛刺，彼人身心豈不受惱極憂*耶？」

於是世尊手取石子猶如小豆，告曰：「比丘！汝見我手取此石子如小豆耶？」

比丘答曰：「見也，世尊！」

世尊復問曰：「比丘！於意云何？我取石子猶如小豆，比雪山王，何者為大？」

比丘答曰：「世尊手取石子猶如小豆，比雪山王，百倍、千倍、百千萬倍，終不相及，不可數、不可算、不可譬喻、不可比方，但雪山王極大甚大。」

世尊告曰：「比丘！若我取石子猶如小豆，比雪山王，百倍、千倍、百千萬倍，終不相及，不可數、不可算、不可譬喻、不可比方，但雪山王極大甚大。如是，比丘！若此人一日被三百矛刺，彼因緣此，身心受惱極重憂苦，比地獄苦，百倍、千倍、百千萬倍，終不相及，不可數、不可算、不可譬喻、不可*方比☆，但地獄中極苦甚苦！

「比丘！云何地獄苦？眾生生地獄中，既生彼已，獄卒手捉，則以鐵斧*烔然俱熾，斫治其身，或作八楞，或為六楞，或為四方，或令團圓，或高或下，或好或惡。彼如是*拷治苦痛逼迫，歲數甚多乃至百千，受無量苦，極重甚苦，終不得死，要當至惡不善業盡，是謂地獄苦。

「比丘！云何地獄苦？眾生生地獄中，既生彼已，獄卒手捉，則以鐵斫*烔然俱熾，斫治其身，或作八楞，或為六楞，或為四方，或令團圓，或高或下，或好或惡。彼如是*拷治苦痛逼迫，歲數甚多乃至百千，受無量苦，極重甚苦，終不得死，要當至惡不善業盡，是謂地獄苦。

「比丘！云何地獄苦？眾生生地獄中，既生彼已，獄卒手捉，則以鐵*鏘烔☆然俱熾，強令坐上，便以鐵鉗鉗開其口，則以鐵丸*烔然俱熾，著其口中，燒脣燒舌，燒齗燒咽，燒心燒胃，從身下出。彼如是*拷治苦痛逼迫，歲數甚多乃至百千，受無量苦，極重甚苦，終不得死，要當至惡不善業盡，是謂地獄苦。

「比丘！云何地獄苦？眾生生地獄中，既生彼已，獄卒手捉，則以鐵鏘*烔然俱熾，*強令☆坐上，便以鐵鉗鉗開其口，則以融銅灌其口中，燒脣燒舌，燒斷燒咽，燒心燒胃，從身下出。彼如是*拷治苦痛逼迫，歲數甚多乃至百千，受無量苦，極重甚苦，終不得死，要當至惡不善業盡，是謂地獄苦。

「比丘！云何地獄苦？眾生生地獄中，既生彼已，獄卒手捉，則以鐵地*烔然俱熾，令仰向臥，挓五縛治，兩手兩足以鐵釘釘，以一鐵釘別釘其腹。彼如是*拷治苦痛逼迫，歲數甚多乃至百千，受無量苦，極重甚苦，終不得死，要當至惡不善業盡，是謂地獄苦。

「比丘！云何地獄苦？眾生生地獄中，既生彼已，獄卒手捉，則以鐵地*烔然俱熾，令其伏地，從口出舌，以百釘張無皺無縮，猶如牛皮以百釘張無皺無縮。如是衆生生地獄中，既生彼已，獄卒手捉，則以鐵地*烔然俱熾，令其伏地，從口出舌，以百釘張無皺無縮。彼如是*拷治者苦痛逼迫，歲數甚多乃至百千，受無量苦，極重甚苦，終不得死，要當至惡不善業盡，是謂地獄苦。

「比丘！云何地獄苦？衆生生地獄中，既生彼已，獄卒以手捉其頭，皮剝下至足，從足剝皮上至其頭，則以鐵車*烔然俱熾，以縛著車，便於鐵地*烔然俱熾，牽挽往來。彼如是*拷治苦痛逼迫，歲數甚多乃至百千，受無量苦，極重甚苦，終不得死，要當至惡不善業盡，是謂地獄苦。

「比丘！云何地獄苦？眾生生地獄中，既生彼已，獄卒以火*熥然俱熾，使揚撲地，復使手取，自灌其身。彼如是*拷治苦痛逼迫，歲數甚多乃至百千，受無量苦，極重甚苦，終不得死，要當至惡不善業盡，是謂地獄苦。

「比丘！云何地獄苦？眾生生地獄中，既生彼已，獄卒以火山*熥然俱熾，令其上下；彼若下足，其皮肉血即便燒盡；若舉足時，其皮肉血還生如故。彼如是*拷治苦痛逼迫，歲數甚多乃至百千，受無量苦，極重甚苦，終不得死，要當至惡不善業盡，是謂地獄苦。

「比丘！云何地獄苦？眾生生地獄中，既生彼已，獄卒手捉，以大鐵釜*熥然俱熾，倒擧其身，足上頭下，以著釜中。彼於其中，彼上或下，或至方維，自體沫出，還煮其身。猶如大豆、小豆、蘊豆、*胡豆、芥子著多水釜中，下極然火，彼豆於中，或上或下，或至方維，自沫纏煮。如是衆生生地獄中，既生彼已，獄卒手捉，以大鐵釜*烔然俱熾，倒舉其身，足上頭下，以著釜中。彼於其中，或上或下，或至方維，自體沫出，還煮其身。彼如是*拷治苦痛逼迫，歲數甚多乃至百千，受無量苦，極重甚苦，終不得死，要當至惡不善業盡，是謂地獄苦。

「比丘云何地獄苦？彼地獄中有獄，名六更樂，若衆生生彼中，既生彼已，若眼見色，不憙不可，非是憙可；意不潤愛，非是潤愛；意不善樂，非是善樂。耳所聞聲、鼻所齅香、舌所嘗味、身所覺觸、意所知法，不憙不可，非是喜可；意不潤愛，非是潤愛；意不善樂，非是善樂。是謂地獄苦。

「比丘！我為汝等無量方便說彼地獄，說地獄事，然此地獄苦不可具說，但地獄唯有苦。比丘！若愚癡人或時從地獄出，生畜生者，畜生亦甚苦。

「比丘！云何畜生苦？若眾生生畜生中，謂彼闇冥中生，闇冥中長，闇冥中死。彼為云何？謂地生蟲。愚癡人者，以本時貪著食味，行身惡行，行口、意惡行。彼行身惡行，行口、意惡行已，因此緣此，身壞命終，生畜生中，謂闇冥中生，闇冥中長，闇冥中死，是謂畜生苦。

「比丘！云何畜生苦？若衆生生畜生中，謂身中生，身中長，身中死。彼為云何？謂名瘡蟲。愚癡人者，以本時貪著食味，行身惡行，行口、意惡行。彼行身惡行，行口、意惡行已，因此緣此，身壞命終，生畜生中，謂身中生，身中長，身中死，是謂畜生苦。

「比丘！云何畜生苦？若衆生生畜生中，謂水中生，水中長，水中死。彼為云何？謂魚、摩竭魚、龜、鼉、婆留尼、提鼻、提鼻伽羅、⊙提提鼻伽羅。愚癡人者，以本時貪著食味，行身惡行，行口、意惡行。彼行身惡行，行口、意惡行已，因此緣此，身壞命終，生畜生中，謂水中生，水中長，水中死，是謂畜生苦。

「比丘！云何畜生苦？若衆生生畜生中，謂齒齧[1]生草樹木食。

彼為云何？謂象、馬、駱駝、牛、驢、鹿、水牛及猪。愚癡人者，以本時貪著食味，行身惡行，行口、意惡行。彼行身惡行，行口、意惡行已，因此緣此，身壞命終，生畜生中，謂齒齧生草樹木食，是謂畜生苦。

「比丘！云何畜生苦？若眾生生畜生中，謂彼聞人大小便氣，即走往趣彼，食彼食；猶如男女聞飲食香，即便往趣彼，如是說彼食彼食。如是，比丘！若眾生生畜生中，謂彼聞人大小便氣，即走往趣彼食，食彼食。彼為云何？謂雞、猪、狗、犲、烏、拘樓羅、拘稜迦。愚癡人者，以本時貪著食味，行身惡行，行口、意惡行。彼行身惡行，行口、意惡行已，因此緣此，身壞命終，生畜生中，謂食屎不淨，是調畜生苦。

「比丘！我為汝等無量方便，說彼畜生，說畜生事，然此畜生苦不可具說，但畜生唯有苦。

「比丘！若愚癡人從畜生出，還生為人，極大甚難。所以者何？彼畜生中不行仁義，不行禮法，不行妙善；彼畜生者更相食噉，強者食弱，大者食小。比丘！猶如此地，滿其中水，有一瞎龜，壽命無量百千之歲。彼水上有小輕木板，唯有一孔，為風所吹。比丘！於意云何？彼瞎龜頭寧得入此小輕木板一孔中耶？」

比丘答曰：「世尊！或可得入，但久久甚難。」

世尊告曰：「比丘！或時瞎龜過百年已，從東方來而一舉頭，彼小木板唯有一孔，為東風吹移至南方。或時瞎龜過百年已，從南方來而一舉頭，彼一孔板為南風吹移至西方。或時瞎龜過百年已，從西方來而一舉頭，彼一孔板為西風吹移至北方。或時瞎龜從北方來而一舉頭，彼一孔板為北風吹隨至諸方。比丘！於意云何？彼瞎龜頭寧得入此一孔板耶？」

比丘答曰：「世尊！或可得入，但久久甚難。」

「比丘！如是彼愚癡人從畜生出，還生為人，亦復甚難。所以者何？彼畜生中不行仁義，不行禮法，不行妙善；彼畜生者更相食噉，強者食弱，大者食小。比丘！若愚癡人或時從畜生出，還生為人，彼若有家，小姓下賤，弊惡貧窮，少有飲食，謂得食甚難。彼為云何？

調獄卒家、工師家、巧手家、陶師家。如是比餘下賤家，弊惡貧窮，少有飲食，謂得食其難。生如是家，既生彼已，或瞎或跛，或臂肘短，或身傴曲，或用左手，惡色羊面，醜陋短壽，為他所使。彼行身惡行，行口、意惡行。彼行身惡行，行口、意惡行已，因此緣此，身壞命終還至惡處，生地獄中。

「猶如二人而共博戲，彼有一人始取如是行，便失奴婢及失妻子，復取己身倒懸烟屋中。彼作是念：『我不食不飲，然我始取如是行，便失奴婢及失妻子，復取己身倒懸烟屋中。』比丘！此行甚少，失奴婢、失妻子，復取己身倒懸烟屋中。比丘！謂此行所可行，行身惡行，行口、意惡行。彼行身惡行，行口、意惡行已，因此緣此，身壞命終還至惡處，生地獄中。比丘！此諸行最不可愛，實不可樂，非意所念。比丘！非為具足說愚癡法耶？」

比丘答曰：「唯然，世尊！為具足說愚癡法也。」

世尊告曰：「云何智慧法？彼智慧人有三相智慧標、智慧像，謂成就智慧人說智慧也。云何為三？智慧人者，思善思，說善說，作善作，是以智慧人說智慧也。若智慧人不思善思，不說善說，不作善作者，不應智慧人說智慧也。以智慧人思善思、說善說、作善作故，是以智慧人說智慧也。

「智慧人者，於現法中，身心則受三種喜樂。云何智慧人於現法中身心則受三種喜樂也？智慧人者，或有所行，或聚會坐，或在道巷，或在市中，或四衢頭，說智慧人相應事也。智慧人者，斷殺，離殺，不與取、邪婬、妄言，乃至斷邪見得正見，及成就餘無量善法。若成就無量善法者，他人見已，便稱譽之。彼智慧人聞已，便作是念：『若成就無量善法，他人見已稱譽者；我亦有是無量善法，若他知者，亦當稱譽我。』是謂智慧人於現法中，身心則受第一喜樂。

「復次，彼智慧人又見王人種種治賊，謂截手、截足，并截手足，截耳、截鼻，并截耳鼻，或臠臠割，拔鬚、拔髮，或拔鬚髮，或著檻中衣裹火燒，或以沙壅草纏火焫，或內鐵驢腹中，或著鐵猪口中，或置鐵虎口中燒，或安銅釜中，或著鐵釜中煑，或段段截，或利叉刺，或以鉤鉤，或臥鐵床以沸油澆，或坐鐵臼以鐵杵擣，或毒龍蜇，或以鞭鞭，或以杖撾，或以棒打，或活貫摽頭，或梟其首。彼智慧人見已，便作是念：『若成就無量惡不善法者，王知捉已如是*拷治；我無是無量惡不善之法，若王知者，終不如是苦治於我。』是謂智慧人於現法中，身心則受第二喜樂。

「復次，彼智慧人行身妙行，行口、意妙行。彼若時疾病，或坐臥床，或坐臥榻，或坐臥地，或身生極苦、甚重苦，乃至命欲斷。彼所有身妙行，口、意妙行，彼於爾時懸向在上。猶如*晡時，日下高山，影懸向在地；如是彼所有身妙行，口、意妙行，彼於爾時懸向在上。彼作是念：『此是我身妙行，口、意妙行，懸向在上。我於本時不作惡，多作福。若有處不作惡者，不凶暴，不作無理事，作福、作善，作恐怖所歸命、所依怙，我至彼善處而不生悔。不生悔已，賢死善命終。』是謂智慧人於現法中，身心則受第三憙樂。

「復次，彼智慧人行身妙行，行口、意妙行。彼行身妙行，行口、意妙行已，因此緣此，身壞命終必昇善處，上生天中。既生彼已，受於樂報，一向可愛，一向可樂而意可念。若作是念：『一向可愛，一向可樂而意可念者，是說善處。』所以者何？彼善處者，一向可愛，一向可樂而意可念。」

爾時有一比丘即從坐起，偏袒著衣，叉手向佛，白曰：「世尊！善處樂云何？」

世尊答曰：「比丘！善處不可盡說，所謂善處樂，但善處唯有樂。」

比丘復問曰：「世尊！可得以喻現其義耶？」

世尊答曰：「亦可以喻現其義也。猶如轉輪王成就七寶、四種人如意足。比丘！於意云何？彼轉輪王成就七寶、四種人如意足，彼因是身心受極喜樂耶？」

比丘答曰：「世尊！成就一寶、一人如意足，尚受極喜樂，況復轉輪王成就七寶、四種人如意足，非為受極喜樂耶？」

於是世尊手取石子猶如小豆，告曰：「比丘！汝見我手取此石子如小豆耶？」

比丘答曰：「見也，世尊！」

世尊復問曰：「比丘！於意云何？我取石子猶如小豆，比雪山王何者為大？」

比丘答曰：「世尊手取石子猶如小豆，比雪山王，百倍、千倍、百千萬倍，終不相及，不可數、不可算、不可譬喻、不可比方，但雪山王極大甚大。」

世尊告曰：「比丘！若我取石子猶如小豆，比雪山王，百倍、千倍、百千萬倍，終不相及，不可數、不可算、不可譬喻、不可比方，但雪山王極大甚大。如是，比丘！若轉輪王成就七寶、四種人如意足，彼人身心受極喜樂，比諸天樂，百倍、千倍、百千萬倍，終不相及，不可數、不可算、不可譬喻、不可比方。所謂善處樂，但善處唯有樂。

「比丘！云何善處樂？彼有善處名六更樂，若衆生生彼中，既生彼已，若眼見色，意所喜可，彼是喜可；意所潤愛，彼是潤愛；意所善樂，彼是善樂。耳所聞聲、鼻所嗅香、舌所嘗味、身所覺觸、意所知法，意所喜可，彼是喜可；意所潤愛，彼是潤愛；意所善樂，彼是善樂。是謂善處樂。比丘！我為汝等無量方便，說彼善處說善處事，然此善處樂不可具說，但善處唯有樂。

「比丘！若智慧人或時從善處來，下生人間，若有家者，極大富樂錢財無量，多諸畜牧、封戶、食邑，米穀豐溢，及若干種諸生活具。彼為云何？謂刹利大長者家、梵志大長者家、居士大長者家，及餘家極大富樂，錢財無量，多諸畜牧、封戶、食邑，米穀豐溢，及若干種諸生活具。生如是家，端正可愛，衆人敬順，極有名譽，有大威德，多人所愛，多人所念。彼行身妙行，行口、意妙行。彼行身妙行，行口、意妙行已，因此緣此，身壞命終，還至善處，生於天中。

「猶如二人而共博戲，彼有一人始①取如是行，多得錢財。彼作是念：『我不田作，然我始取如是行，多得錢財。』比丘！此行甚少，謂多得錢財。比丘！謂此所行，行身妙行，行口、意妙行。彼行身妙行，行口、意妙行已，因此緣此，身壞命終還至善處，生於天中。比丘！此諸行，是行最可愛、最可樂、最可意所念。比丘！非為具足說智慧人法耶？」

比丘白曰：「唯然，世尊！為具足說智慧人法。」

世尊告曰：「是謂愚癡人法、智慧人法，汝等應當知愚癡人法、智慧人法。知愚癡人法、智慧人法已，捨愚癡人法，取智慧人法，當如是學。」

佛說如是，彼諸比丘聞佛所說，歡喜奉行。

癡慧地經第八竟五千六百三十八字

中阿含經卷第五十三五千六百三十八字　**第五後誦**

中阿含經卷第五十四

東晉罽賓三藏瞿曇僧伽提婆譯

（二〇〇）大品阿梨吒經第九 第五後誦

我聞如是：一時，佛遊舍衛國，在勝林給孤獨園。

爾時阿梨吒比丘，本伽陀婆*利，生如是惡見：「我知世尊如是說法：行欲者無障礙。」

諸比丘聞已，往至阿梨吒比丘所，問曰：「阿梨吒！汝實如是說

：我知世尊如是說法：行欲者無障礙耶？」

時阿梨吒答曰：「諸賢！我實知世尊如是說法：行欲者無障礙。」

諸比丘訶阿梨吒曰：「汝莫作是說！莫誣謗世尊！誣謗世尊者不善，世尊亦不如是說。阿梨吒！欲有障礙，世尊無量方便說欲有障礙。阿梨吒！汝可速捨此惡見也。」

阿梨吒比丘為諸比丘所訶已，如此惡見其強力執，而一向說：「此是真實，餘者虛妄。」如是再三。

衆多比丘不能令阿梨吒比丘捨此惡見，從坐起去，往詣佛所，稽首佛足，却坐一面，白曰：「世尊！阿梨吒比丘生如是惡見：『我知世尊如是說法：行欲者無障礙。』世尊！我等聞已，往詣阿梨吒比丘所，問曰：『阿梨吒！汝實如是說：我知世尊如是說法：行欲者無障礙耶？』阿梨吒比丘答我等曰：『諸賢！我實知世尊如是說法：行欲者無障礙。』世尊！我等訶曰：『阿梨吒！汝莫作是說！莫誣謗世尊！誣謗世尊者不善，世尊亦不如是說。阿梨吒！欲有障礙，世尊無量方便說欲有障礙。阿梨吒！汝可速捨此惡見。』我等訶已，如此惡見其強力執，而一向說：『此是真實，餘者虛妄。』如是再三。世尊！如我等不能令阿梨吒比丘捨此惡見，從坐起去。」

世尊聞已，告一比丘：「汝往阿梨吒比丘所，作如是語：『世尊呼汝！』」

於是一比丘受世尊教，即從坐起，稽首佛足，遶三匝而去。至阿梨吒比丘所，即語彼曰：「世尊呼汝！」

阿梨吒比丘即詣佛所，稽首佛足，却坐一面。世尊問曰：「阿梨吒！實如是說：我知世尊如是說法：行欲者無障礙耶？」

阿梨吒答曰：「世尊！我實知世尊如是說法：行欲者無障礙。」

世尊訶曰：「阿梨吒！汝云何知我如是說法？汝從何口聞我如是說法？汝愚癡人！我不一向說，汝一向說耶？汝愚癡人！聞諸比丘共訶，汝時應如法答。我今當問諸比丘也。」

於是世尊問諸比丘：「汝等亦如是知我如是說法：行欲者無障礙耶？」

時諸比丘答曰：「不也。」

世尊問曰：「汝等云何知我說法？」

諸比丘答曰：「我等知世尊如是說法：欲有障礙，世尊說欲有障礙也。欲如骨鏁，世尊說欲如骨鏁也。欲如肉臠，世尊說欲如肉臠也。欲如把炬，世尊說欲如把炬也。欲如火坑，世尊說欲如火坑也。欲如毒蛇，世尊說欲如毒蛇也。欲如夢，世尊說欲如夢也。欲如假借，世尊說欲如假借也。欲如樹果，世尊說欲如樹果也。我等知世尊如是說法。」

世尊歎曰：「善哉！善哉！諸比丘！汝等知我如是說法。所以者何？我亦如是說：欲有障礙，我說欲有障礙。欲如骨鏁，我說欲如骨鏁。欲如肉臠，我說欲如肉臠。欲如把炬，我說欲如把炬。欲如火坑，我說欲如火坑。欲如毒蛇，我說欲如毒蛇。欲如夢，我說欲如夢。欲如假借，我說欲如假借。欲如樹果，我說欲如樹果。」

世尊歎曰：「善哉！善哉！汝等知我如是說法，然此阿梨吒愚癡之人，顛倒受解義及文也。彼因自顛倒受解故，誣謗於我，為自傷害，有犯有罪，諸智梵行者所不憙也，而得大罪。汝愚癡人！知有此惡不善處*耶？」

於是阿梨吒比丘為世尊面訶責已，內懷憂慼，低頭默然，失辯無言，如有所伺。

於是世尊面訶責數阿梨吒比丘已，告諸比丘：「若我所說法盡具解義者，當如是受持。若我所說法不盡具解義者，便當問我及諸智梵行者。所以者何？或有癡人，顛倒受解義及文也。彼因自顛倒受解故，如是如是知彼法，謂正經、歌詠、記說、偈他、因緣、撰錄、本起、此說、生處、廣解、未曾有法及說義。彼諍知此義，不受解脫知此義。彼所為知此法，不得此義，但受極苦，唐自疲勞。所以者何？彼以顛倒受解法故。

「譬若如人，欲得捉蛇，便行求蛇。彼求蛇時，行野林間，見極大蛇，便前以手捉其腰中；蛇迴舉頭，或蜇手足及餘*肢節。彼人所為求取捉蛇，不得此義，但受極苦，唐自疲勞。所以者何？以不善解取蛇法故。如是或有癡人，顛倒受解義及文也。彼因自顛倒受解故，如是如是知彼法，謂正經、歌詠、記說、偈他、因緣、撰錄、本起、此說、生處、廣解、未曾有法及說義。彼諍知此義，不受解脫知此義。彼所為知此法，不得此義，但受極苦，唐自疲勞。所以者何？彼以顛倒受解法故。

「或有族姓子，不顛倒善受解義及文。彼因不顛倒善受解故，如是如是知彼法，謂正經、歌詠、記說、偈他、因緣、撰錄、本起、此說、生處、廣解、未曾有法及說義。彼不諍知此義，唯受解脫知此義。彼所為知此法，得此義，不受極苦，亦不疲勞。所以者何？以不顛倒受解法故。

「譬若如人，欲得捉蛇，便行求蛇。彼求蛇時，手執鐵杖，行野林間，見極大蛇，先以鐵杖押彼蛇*項，手捉其頭，彼蛇雖反尾迴，或纏手足及餘*肢節，然不能蜇。彼人所為求取捉蛇，而得此義，不受極苦，亦不疲勞。所以者何？彼以善解取蛇法故。如是或有族姓子，不顛倒善受解義及文。彼因不顛倒善受解故，如是如是知彼法，謂正經、歌詠、記說、偈他、因緣、撰錄、本起、此說、生處、廣解、未曾有法及說義。彼不諍知此義，唯受解脫知此義。彼所為知此法，得此義，不受極苦，亦不疲勞。所以者何？以不顛倒受解法故。

「我為汝等長夜說筏喻法，欲令棄捨，不欲令受故。云何我為汝等長夜說筏喻法，欲令棄捨，不欲令受？猶如山水甚深極廣，長流駛疾，多有所漂，其中無*船，亦無橋梁。或有人來，而於彼岸有事欲度。彼求度時，而作是念：『今此山水甚深極廣，長流駛疾，多有所漂，其中無*船，亦無橋梁而可度者。我於彼岸有事欲度，當以何方便，令我安隱至彼岸耶？』復作是念：『我今寧可於此岸邊收聚草木，縛作*簰栰，乘之而度。』彼便岸邊收聚草木，縛作*簰栰，乘之而度，安隱至彼。便作是念：『今我此栰多有所益，乘此栰已，令我安隱，從彼岸來度至此岸，我今寧可以著右肩或頭戴去。』彼便以栰著右肩上或頭戴去。於意云何？彼作如是竟，能為栰有所益耶？」

時諸比丘答曰：「不也。」

世尊告曰：「彼人云何為栰所作能有益耶？彼人作是念：『今我此栰多有所益，乘此栰已，令我安隱，從彼岸來度至此岸，我今寧可更以此栰還著水中，或著岸邊而捨去耶？』彼人便以此栰還著水中，或著岸邊捨之而去。於意云何？彼作如是，為栰所作能有益耶？」

時諸比丘答曰：「益也。」

世尊告曰：「如是，我為汝等長夜說栰喻法，欲令棄捨，不欲令受。若汝等知我長夜說栰喻法者，當以捨是法，況非法耶？復次，有六見處。云何為六？比丘者，所有色，過去、未來、現在，或內或外，或精或麤，或妙或不妙，或近或遠；彼一切非我有，我非彼有，亦非是神。如是慧觀，知其如真。所有覺，所有想，所有此見，非我有，我非彼有，我當無我、當不有；彼一切非我有，我非彼有，亦非是神。如是慧觀，知其如真。所有此見，若見聞識知，所得所觀，意所思念，從此世至彼世，從彼世至此世；彼一切非我有，我非彼有，亦非是神。如是慧觀，知其如真。所有此見，此是神，此是世，此是我，我當後世有，常不變易，恒不磨滅法；彼一切非我有，我非彼有，亦非是神。如是慧觀，知其如真。」

於是有一比丘從坐而起，偏袒著衣，叉手向佛，白曰：「世尊！頗有因內有恐怖耶？」

世尊答曰：「有也。」

比丘復問曰：「世尊！云何因內有恐怖耶？」

世尊答曰：「比丘者，如是見、如是說：彼或昔時無，設有我不得。彼如是見、如是說，憂慼煩勞，啼哭椎胸而發狂癡。比丘！如是因內有恐怖也。」

比丘歎世尊已，復問曰：「世尊！頗有因內無恐怖*耶？」
世尊答曰：「有也。」
比丘復問曰：「世尊！云何因內無恐怖*耶？」
世尊答曰：「比丘者，不如是見、不如是說：彼或昔時無，設有我不得。彼不如是見、不如是說，不憂慼，不煩勞，不啼哭，不椎胸，不發狂癡。比丘！如是因內無恐怖也。」
比丘歎世尊已，復問曰：「世尊！頗有因外有恐*耶？」
世尊答曰：「有也。」
比丘復問曰：「世尊！云何因外有恐怖*耶？」
世尊答曰：「比丘者，如是見、如是說：此是神，此是世，此是我，我當後世有。彼如是見、如是說，或遇如來，或遇如來弟子，聰明智慧而善言語，成就智慧。彼或如來，或如來弟子，滅一切自身故說法，捨離一切漏、一切我、我所作，滅慢使故說法。彼或如來，或如來弟子，滅一切自身故說法，捨離一切漏、一切我、我所作，滅慢使故說法時，憂慼煩勞，啼哭椎胸而發狂癡，如是說：我斷壞不復有。所以者何？彼比丘所謂長夜不可愛、不可樂、不可意念，比丘多行彼，便憂慼煩勞，啼哭椎胸而發狂癡。比丘！如是因外有恐怖也。」

比丘歎世尊已，復問曰：「世尊！頗有因外無恐怖耶？」

世尊答曰：「有也。」

比丘復問曰：「世尊！云何因外無恐怖耶？」

世尊答曰：「比丘者，不如是見、不如是說：此是神，此是世，此是我，我當後世有。彼不如是見、不如是說，或遇如來，或遇如來弟子，聰明智慧而善言語，成就智慧。彼或如來，或如來弟子，滅一切自身故說法，捨離一切漏、一切我、我所作，滅慢使故說法。彼或如來，或如來弟子，滅一切自身故說法，捨離一切漏、一切我、我所作，滅慢使故說法時，不憂慼，不煩勞，不啼哭，不椎胸，不發狂癡，不如是說：我斷壞不復有。所以者何？彼比丘所謂長夜可愛、可樂、可意念，比丘多行彼，便不憂慼，不煩勞，不啼哭，不椎胸，不發狂癡。比丘！如是因外無恐怖也。」

爾時比丘歎世尊曰：「善哉！善哉！」

歎善哉已，聞佛所說，善受持誦，則便默然。

於是世尊歎諸比丘曰：「善哉！善哉！比丘受如是所可受，受已不生憂慼，不煩勞，不啼哭，不椎胸，不發狂癡。汝等見所受所可受，不生憂慼，不煩勞，不啼哭，不椎胸，不發狂癡耶？」

比丘答曰：「不也，世尊！」

世尊歎曰：「善哉！善哉！汝等依如是見所可依，見已不生憂慼，不煩勞，不啼哭，不椎胸，不發狂癡。汝等見依如是見所可依，見已不生憂慼，不煩勞，不啼哭，不椎胸，不發狂癡耶？」

比丘答曰：「不也，世尊！」

世尊歎曰：「善哉！善哉！汝等受如是身，所有身常住不變易、不磨滅法，汝等見受如是身所可受身已，常住不變易、不磨滅法耶？」

比丘答曰：「不也，世尊！」

世尊歎曰：「善哉！善哉！所謂因神故有我，無神*則無我，是為神、神所有，不可得，不可施設；及心中有見處、結著、諸使，亦不可得，不可施設。比丘！非為具足說見及見所相續，猶如阿梨吒比丘本為伽陀婆利耶？」

比丘答曰：「如是，世尊！為具足說見及見所相續，猶如阿梨吒比丘本為伽陀婆*利。

「復次，有六見處。云何為六？比丘者，所有色，過去、未來、現在，或內或外，或精或麤，或妙或不妙，或近或遠；彼一切非我有，我非彼有，亦非是神。如是慧觀，知其如真。所有覺、*所有想、所有此見，非我有，我非彼有，彼當無我、當不有；彼一切非我有，我非彼有，亦非是神。如是慧觀，知其如真。所有此見，若見聞識知，所得所觀，意所思念，從此世至彼世，從彼世至此世；彼一切非我有，我非彼有，亦非是神。如是慧觀，知其如真。所有此見，此是神，此是世，此是我，我當後世有，常不變易，恒不磨滅法；彼一切非我有，我非彼有，亦非是神。如是慧觀，知其如真。

「*若有比丘，此六見處不見是神，亦不見神所有；彼如是不見已，便不受此世；不受此世已，便無恐怖；因不恐怖已，便得般涅槃：生已盡，梵行已立，所作已辦，不更受有，知如真。是謂比丘度塹、過塹、破塓、無門、聖智慧鏡。云何比丘度塹耶？無明塹已盡已知，拔絕根本，打破不復當生，如是比丘得度塹也。云何比丘過塹耶？有愛已盡已知，拔絕根本，打破不復當生，如是比丘得過塹也。云何比丘破塓耶？無窮生死已盡已知，拔絕根本，打破不復當生，如是比丘得破塓也。云何比丘無門耶？五下分結已盡已知，拔絕根本，打破不復當生，如是比丘得無門也。云何比丘聖智慧鏡？我慢已盡已知，拔絕根本，打破不復當生，如是比丘聖智慧鏡。是謂比丘度塹、過塹、破塓、無門、聖智慧鏡。

「如是正解脫如來，有因提羅及天伊沙那，有梵及眷屬，彼求不能得如來所依識。如來是梵，如來是冷，如來不煩熱，如來是不異，我如是說。諸沙門、梵志誣謗我，虛妄言不真實：沙門瞿曇御無所施設，彼實有衆生，施設斷滅壞，若此中無我不說。彼如來於現法中說無憂，若有他人罵詈如來、撾打如來，瞋恚、責數者；如來因彼處，不瞋恚、不憎嫉，終無害心。若人罵詈如來，撾打、瞋恚、責數時，如來意云何？如來作是念：若我本所作、本所造者，因彼致此言。然罵詈如來，撾打、瞋恚、責數者，如來作是意。若有他人恭敬如來，供養禮事尊重者，如來因此不以為悅，不以為歡喜，心不以為樂。若他人恭敬如來，供養禮事尊重者，如來意云何？如來作是念：若我今所知所斷，因彼致此。若有他人恭敬如來，供養禮事尊重者，如來作是意。」

於是世尊告諸比丘：「若有他人罵詈汝等，撾打、瞋恚、責數者，若有恭敬供養，禮事尊重者；汝等因此亦當莫瞋恚憎嫉，莫起害心，亦莫歡悅歡喜，亦莫心樂。所以者何？我等無神，無神所有。猶如今此勝林門外燥草枯木，或有他人持去火燒，隨意所用，於意云何？彼燥草枯木頗作是念：他人持我去火燒，隨意所用耶？」

諸比丘答曰：「不也，世尊。」

「如是，若有他人罵詈汝等，撾打、瞋恚、責數者，若有恭敬供養，禮事尊重者；汝因此亦當莫瞋恚憎嫉，莫起害心，亦莫歡悅歡喜，亦莫心樂。所以者何？我等無神，無神所有。[1]我法善說，發露廣布，無有空缺，流布宣傳，乃至天人。如是我法善說，發露廣布，無有空缺，流布宣傳，乃至天人；若正智慧解脫命終者，彼不施設有無窮。

「我法善說，發露廣布，無有空缺，流布宣傳，乃至天人。如是我法善說，發露廣布，無有空缺，流布宣傳，乃至天人；若有五下分結盡而命終者，生於彼間，便般涅槃，得不退法，不還此世。

「我法善說，發露廣布，無有空缺，流布宣傳，乃至天人。如是我法善說，發露廣布，無有空缺，流布宣傳，乃至天人；彼三結已盡，婬怒癡薄，得一往來天上人間，一往來已，便得苦邊。

「我法善說，發露廣布，無有空缺，流布宣傳，乃至天人。如是我法善說，發露廣布，無有空缺，流布宣傳，乃至天人；彼三結已盡，得須陀洹，不墮惡法，定趣正覺，極七往來天上人間，七往來已，便得苦邊。

「我法善說，發露廣布，無有空缺，流布宣傳，乃至天人。如是我法善說，發露廣布，無有空缺，流布宣傳，乃至天人；若有信樂於我而命終者，皆生善處，如上有餘。」

佛說如是，彼諸比丘聞佛所說，歡喜奉行。

阿梨吒經第九竟四千五百七十字

（二〇一）中阿含大品*嗏帝經第十第五後誦

我聞如是：一時，佛遊舍衞國，在勝林給孤獨園。

爾時*嗏帝比丘雞和哆子生如是惡見：「我知世尊如是說法：今此識，往生不更異。」

諸比丘聞已，往至*嗏帝比丘所，問曰：「*嗏帝！汝實如是說：我知世尊如是說法：今此識，往生不更異耶？」

*嗏帝比丘答曰：「諸賢！我實知世尊如是說法：今此識，往生不更異。」

時諸比丘訶*嗏帝比丘曰：「汝莫作是說！莫誣謗世尊！誣謗世尊者不善，世尊亦不如是說。*嗏帝比丘！今此識，因緣故起。世尊無量方便，說識因緣故起，有緣則生，無緣則滅。*嗏帝比丘！汝可速捨此惡見也。」

*嗏帝比丘為諸比丘所訶已，如此惡見其強力執，而一向說：「此是真實，餘者虛妄。」如是再三。

衆多比丘不能令*嗏帝比丘捨此惡見，從坐起去，往詣佛所，稽首佛足，却坐一面，白曰：「世尊！*嗏帝比丘生如是惡見：『我知世尊如是說法：今此識，往生不更異。』世尊！我等聞已，往詣*嗏帝比丘所，問曰：『*嗏帝！汝實如是說：我知世尊如是說法：今此識，往生不更異*耶？』*嗏帝比丘答我等曰：『諸賢！我實知世尊如是說法：今此識，往生不更異。』世尊！我等訶曰：『*嗏帝比丘！汝莫作是說！莫誣謗世尊！誣謗世尊者不善，世尊亦不如是說。*嗏帝比丘！今此識，因緣故起。世尊無量方便，說識因緣故起，識有緣則生，無緣則滅。*嗏帝比丘！汝可速捨此惡見也。』我等訶已，如此惡見其強力執，而一向說：『此是真實，餘者虛妄。』如是再三。世尊！如我等不能令*嗏帝比丘捨此惡見，從坐起去。」

世尊聞已，告一比丘：「汝往*嗏帝比丘所，作如是語：『世尊呼汝。』」

於是一比丘受世尊教，即從坐起，稽首佛足，繞三匝而去。至*嗏帝比丘所，即語彼曰：「世尊呼汝。」

*嗏帝比丘即詣佛所，稽首佛足，却坐一面。世尊問曰：「汝實如是說：我知世尊如是說法：今此識，往生不更異*耶？」

*嗏帝比丘答曰：「世尊！我實知世尊如是說法：今此識，往生

不更異也。」

世尊問曰：「何者識耶？」

*嗏帝比丘答曰：「世尊！謂此識說覺、作、教作、起、等起，謂◎彼彼作善惡業而受報也。」

世尊呵曰：「*嗏帝！汝云何知我如是說法？汝從何口聞我如是說法？汝愚癡人！我不一向說，汝一向說耶？汝愚癡人！聞諸比丘共訶汝時，應如法答。我今當問諸比丘也。」

於是世尊問諸比丘：「汝等亦如是知我如是說法：今此識，往生不更異耶？」

時諸比丘答曰：「不也。」

世尊問曰：「汝等云何知我說法？」

諸比丘答曰：「我等知世尊如是說法：識因緣故起。世尊說識因緣故起，識有緣則生，無緣則滅。我等知世尊如是說法。」

世尊歎曰：「善哉！善哉！諸比丘！汝等知我如是說法。所以者何？我亦如是說：識因緣故起。我說識因緣故起，識有緣則生，無緣則滅。識隨所緣生，即彼緣，說緣眼色生識，生識已說眼識。如是耳、鼻、舌、身，◎緣意法生識，生識已說意識。猶若如火，隨所緣生，即彼緣，說緣木生火，說木火也。緣草糞聚火，說草糞聚火。如是識隨所緣生，即彼緣，說緣眼色生識，生識已說眼識。如是耳、鼻、舌、身，緣意法生識，生識已說意識。」

世尊歎曰：「善哉！善哉！汝等知我如是說法，然此*嗏帝比丘愚癡之人，顛倒受解義及文也。彼因自顛倒受解故，誣謗於我，為自傷害，有犯有罪，諸智梵行者所不喜也，而得大罪。汝愚癡人！知有此惡不善處耶？」

於是*嗏帝比丘為世尊面呵責已，內懷憂慼，低頭默然，失辯無言，如有所伺。

於是世尊面呵*嗏帝比丘已，告諸比丘：「我當為汝說法究竟，無煩無熱，恒有不變，諸智慧觀如是。諦聽！諦聽！善思念之。」

時諸比丘受教而聽，佛言：「真說見耶？」

比丘答曰：「唯然，世尊！」

世尊告曰：「如來真說見耶？」

比丘答曰：「唯然，世尊！」

世尊告曰：「如來滅已，所有真◎說彼亦滅法見耶？」

比丘答曰：「唯然，世尊！」

世尊告曰：「真說已見耶？」

比丘答曰：「唯然，世尊！」

世尊告曰：「如來真說已見耶？」

比丘答曰：「唯然，世尊！」

世尊告曰：「如來滅已，所有真◎說彼亦滅法已見耶？」

比丘答曰：「唯然，世尊！」

世尊告曰：「真說無有疑惑耶？」
比丘答曰：「不也，世尊！」
世尊告曰：「如來真說無有疑惑耶？」
比丘答曰：「不也，世尊！」
世尊告曰：「如來滅已，所有真⊙說彼亦滅法無有疑惑耶？」
比丘答曰：「不也，世尊！」
世尊告曰：「真說如是，慧見如真，所有疑惑彼滅耶？」
比丘答曰：「唯然，世尊！」
世尊告曰：「如來真說如是，慧見如真，所有疑惑彼滅耶？」
比丘答曰：「唯然，世尊！」

世尊告曰：「如來滅已，所有真◎說彼亦滅法，如是慧見如真，所有癡惑彼滅耶？」

比丘答曰：「唯然，世尊！」

世尊告曰：「真說已無疑惑耶？」

比丘答曰：「唯然，世尊！」

世尊告曰：「如來真說已無疑惑耶？」

比丘答曰：「唯然，世尊！」

世尊告曰：「如來已滅，所有真◎說彼亦滅法已無疑惑耶？」

比丘答曰：「唯然，世尊！」

世尊歎曰：「善哉！善哉！若汝等如是知、如是見，謂我此見如是清淨，著彼、惜彼、守彼，不欲令捨者，汝等知我長夜說栰喻法，知已所塞流開耶？」

比丘答曰：「不也，世尊！」

世尊歎曰：「善哉！善哉！若汝等如是知、如是見，謂我此見如是清淨，不著彼、不惜彼、不守彼，欲令捨者，汝等知我長夜說栰喻法，知已所塞流開耶？」

比丘答曰：「唯然，世尊！」

世尊歎曰：「善哉！善哉！若有異學來問汝等：賢者！汝等若有如是清淨見，彼何義、何為、何功德？汝等云何答耶？」

比丘答曰：「世尊！若有異學來問我：賢者！汝等若有如是清淨

見，彼何義、何為、何功德者，我等當如是答：諸賢！為厭義、為無欲義、為見知如真義故。世尊！若異學來問我者，我等當如是答。」

世尊歎曰：「善哉！善哉！若異學來問汝，汝等應如是答。所以者何？此所說觀，一曰摶食麤細，二曰更樂，三曰意念，四曰識也。此四食何因？何習？從何而生？由何有耶？彼四食者，因愛、習愛，從愛而生，由愛有也。愛何因？何習？從何而生？由何有耶？愛者，因覺、習覺，從覺而生，由覺有也。覺何因？何習？從何而生？由何有耶？覺者，因更樂、習更樂，從更樂生，由更樂有也。更樂何因？何習？從何而生？由何有耶？更樂者，因六處、習六處，從六處生，由六處有也。六處何因？何習？從何而生？由何有耶？六處者，因名色、習名色，從名色生，由名色有也。名色何因？何習？從何而生？由何有耶？名色者，因識、習識，從識而生，由識有也。識何因？何習？從何而生？由何有耶？識者，因行、習行，從行而生，由行有也。行何因？何習？從何而生？由何有耶？行者，因無明、習無明，從無明生，由無明有也。

「是為緣無明有行，緣行有識，緣識有名色，緣名色有六處，緣六處有更樂，緣更樂有覺，緣覺有愛，緣愛有受，緣受有有，緣有有生，緣生有老死，愁慼啼哭、憂苦懊惱，如是此等大苦陰生。

「緣生有老死。此說緣生有老死，於汝等意云何？」

比丘答曰：「世尊！緣生有老死，我等意如是。所以者何？緣生有老死也。」

「緣有有生。此說緣有有生，於汝等意云何？」

比丘答曰：「世尊！緣有有生，我等意如是。所以者何？緣有有生*也。」

「緣受有有。此說緣受有有，於汝等意云何？」

比丘答曰：「世尊！緣受有有，我等意如是。所以者何？緣受有有也。」

「緣愛有受。此說緣愛有受，於汝等意云何？」

比丘答曰：「世尊！緣愛有受，我等意如是。所以者何？緣愛有受也。」

「緣覺有愛。此說緣覺有愛，於汝等意云何？」

比丘答曰：「世尊！緣覺有愛，我等意如是。所以者何？緣覺有愛也。」

「緣更樂有覺。此說緣更樂有覺，於汝等意云何？」

比丘答曰：「世尊！緣更樂有覺，我等意如是。所以者何？緣更樂有覺也。」

「緣六處有更樂。此說緣六處有更樂，於汝等意云何？」

比丘答曰：「世尊！緣六處有更樂，我等意如是。所以者何？緣六處有更樂也。」

「緣名色有六處。此說緣名色有六處，於汝等意云何？」

比丘答曰：「世尊！緣名色有六處，我等意如是。所以者何？緣名色有六處也。」

「緣識有名色。此說緣識有名色，於汝等意云何？」

比丘答曰：「世尊！緣識有名色，我等意如是。所以者何？緣識有名色也。」

「緣行有識。此說緣行有識，於汝等意云何？」

比丘答曰：「世尊！緣行有識，我等意如是。所以者何？緣行有識也。」

「緣無明有行。此說緣無明有行，於汝等意云何？」

比丘答曰：「世尊！緣無明有行，我等意如是。所以者何？緣無明有行也。是為緣無明有行，緣行有識，緣識有名色，緣名色有六處，緣六處有更樂，緣更樂有覺，緣覺有愛，緣愛有受，緣受有有，緣有有生，緣生有老死，愁慼啼哭、憂苦懊惱可得生，如是此淳大苦陰生。」

世尊歎曰：「善哉！善哉！比丘！汝等如是說。所以者何？我亦如是說，緣無明有行，緣行有識，緣識有名色，緣名色有六處，緣六處有更樂，緣更樂有覺，緣覺有愛，緣愛有受，緣受有有，緣有有生，緣生有老死，愁慼啼哭、憂苦懊惱可得生，如是此淳大苦陰生。」

「生滅則老死滅。此說生滅則老死滅，於汝等意云何？」

比丘答曰：「世尊！生滅則老死滅，我等意如是。所以者何？生滅則老死滅也。」

「有滅則生滅。此說有滅則生滅，於汝等意云何？」

比丘答曰：「世尊！有滅則生滅，我等意如是。所以者何？有滅則生滅也。」

「受滅則有滅①。此說受滅則有滅，於汝等意云何？」

比丘答曰：「世尊！受滅則有滅，我等意如是。所以者何？受滅則有滅也。」

「愛滅則受滅。此說愛滅則受滅，於汝等意云何？」

比丘答曰：「世尊！愛滅則受滅，我等意如是。所以者何？愛滅則受滅也。」

「覺滅則愛滅。此說覺滅則愛滅，於汝等意云何？」

比丘答曰：「世尊！覺滅則愛滅，我等意如是。所以*者何？覺滅則愛滅也。」

「更樂滅則覺滅。此說更樂滅則覺滅，於汝等意云何？」

比丘答曰：「世尊！更樂滅則覺滅，我等意如是。所以者何？更樂滅則覺滅也。」

「六處滅則更樂滅。此說六處滅則更樂滅，於汝等意云何？」

比丘答曰：「世尊！六處滅則更樂滅，我等意如是。所以者何？六處滅則更樂滅也。」

「名色滅則六處滅。此說名色滅則六處滅，於汝等意云何？」

比丘答曰：「世尊！名色滅則六處滅，我等意如是。所以者何？名色滅則六處滅也。」

「識滅則名色滅。此說識滅則名色滅，於汝等意云何？」

比丘答曰：「世尊！識滅則名色滅，我等意如是。所以者何？識滅則名色滅也。」

「行滅則識滅。此說行滅則識滅，於汝等意云何？」

比丘答曰：「世尊！行滅則識滅，我等意如是。所以者何？行滅則識滅也。」

「無明滅則行滅。此說無明滅則行滅，於汝等意云何？」

比丘答曰：「世尊！無明滅則行滅，我等意如是。所以者何？無明滅則行滅也。是為無明滅則行滅，行滅則識滅，識滅則名色滅，名色滅則六處滅，六處滅則更樂滅，更樂滅則覺滅，覺滅則愛滅，愛滅則受滅，受滅則有滅，有滅則生滅，生滅則老死滅，愁慼啼哭、憂苦懊惱可得滅，如是此淳大苦陰滅。」

世尊歎曰：「善哉！善哉！比丘！汝等如是說。所以者何？我亦如是說，無明滅則行滅，行滅則識滅，識滅則名色滅，名色滅則六處滅，六處滅則更樂滅，更樂滅則覺滅，覺滅則愛滅，愛滅則受滅，受滅則有滅，有滅則生滅，生滅則老死滅，愁慼啼哭、憂苦懊惱可得滅，如是此淳大苦陰滅。」

世尊歎曰：「善哉！善哉！若汝等如是知、如是見，汝等頗於過去作是念：我過去時有，我過去時無？云何過去時有，何由過去時有耶？」

比丘答曰：「不也，世尊！」

世尊歎曰：「善哉！善哉！若汝等如是知、如是見，汝等頗於未來作是念：我未來當有，我未來當無？云何未來有，何由未來有耶？」

比丘答曰：「不也，世尊！」

世尊歎曰：「善哉！善哉！若汝等如是知、如是見，汝等頗於內有疑惑：此云何？此何等？此眾生從何所來？趣至何處？何因已有？何因當有耶？」

比丘答曰：「不也，世尊！」

世尊歎曰：「善哉！善哉！若汝等如是知、如是見，汝等頗故殺父母，害弟子阿羅訶，破壞聖衆，惡意向佛，出如來血耶？」

比丘答曰：「不也，世尊！」

世尊歎曰：「善哉！善哉！若汝等如是知、如是見，汝等頗故犯戒，捨戒罷道耶？」

比丘答曰：「不也，世尊！」

世尊歎曰：「善哉！善哉！若汝等如是知、如是見，汝等頗捨此更求外尊求福田耶？」

比丘答曰：「不也，世尊！」

世尊歎曰：「善哉！善哉！若汝等如是知、如是見，汝等頗作沙門、梵志如是說：諸尊！可知則知，可見則見耶？」

比丘答曰：「不也，世尊！」

世尊歎曰：「善哉！善哉！若汝等如是知、如是見，汝等頗吉祥為清淨耶？」

比丘答曰：「不也，世尊！」

世尊歎曰：「善哉！善哉！若汝等如是知、如是見，汝等頗為諸沙門、梵志吉祥相應諸見雜苦、雜*毒、雜煩熱、雜懊惱，彼是真實耶？」

比丘答曰：「不也，世尊！」

世尊歎曰：「善哉！善哉！若汝等如是知如、是見，汝等頗身生疹患，生甚重苦，乃至命欲斷。捨此更求外，頗有彼沙門、梵志，持一句呪，二句、三句、四句、多句、百句，持此呪令脫我苦，是謂求苦習、苦得、苦盡耶？」

比丘答曰：「不也，世尊！」

世尊歎曰：「善哉！善哉！若汝等如是知、如是見，汝等頗受八有耶？」

比丘答曰：「不也，世尊！」

世尊歎曰：「善哉！善哉！若汝等如是知、如是見，汝等頗如是說：我等恭敬沙門、敬重沙門，沙門瞿曇是我尊師耶？」

比丘答曰：「不也，世尊！」

世尊歎曰：「善哉！善哉！若汝等自知自見自覺，得最正覺，汝等隨所問答耶？」

比丘答曰：「如是，世尊！」

世尊歎曰：「善哉！善哉！我正御汝等，於畢究竟無煩無熱，恒不變易法，正智所知，正智所見，正智所覺。因此故，我向者說，我為汝說法，畢究竟不煩熱，恒不變易法，正智所知，正智所見，正智所覺。

「復次，三事合會，入於母胎：父母聚集一處，母滿精堪耐，香陰已至。此三事合會，入於母胎。母胎或持九月、十月*便生，生已以血長養，血者於聖法中謂是母乳也。彼於後時，諸根轉大，根轉成就，食麤飯麨，*酥油塗身。彼眼見色，樂著好色，憎惡惡色，不立身念，少心，心解脫、慧解脫不知如真，所生惡不善法不滅盡無餘、不敗壞無餘。如是耳、鼻、舌、身、意知法，樂著好法，憎惡惡法，不立身念，少心，心解脫、慧解脫不知如真，所生惡不善法不滅盡無餘、不敗壞無餘。彼如是隨憎不憎所受覺，或樂或苦，或不苦不樂。彼樂彼覺，求著受彼覺。彼樂彼覺，求著受彼覺已，若樂覺者，是為受彼。緣受有有，緣有有生，緣生有老死，愁慼啼哭、憂苦懊惱可得生，如是此淳大苦陰生。比丘！非為具足愛所繫相續，如*嗏帝比丘雞和哆子耶？」

比丘答曰：「如是，世尊！具足愛所繫相續，如*嗏帝比丘雞和哆子也。」

「若時如來出世，無所著、等正覺、明行成為、善逝、世間解、無上士、道法御、天人師、號佛、衆祐。彼眼見色，於好色而不樂著，於惡色而不憎惡，立身念，無量心，心解脫、慧解脫知如真，所生惡不善法滅盡無餘、敗壞無餘。如是耳、鼻、舌、身、意知法，不著好法，不惡惡法，立身念，無量心，心解脫、慧解脫知如真，所生惡不善法滅盡無餘、敗壞無餘。彼如是滅憎不憎所受覺，或樂或苦，或不苦不樂。彼不樂彼覺，不求不著不受覺。彼不樂彼覺，不求不著不受覺已，若樂覺者彼便滅，樂滅則受滅，受滅則有滅，有滅則生滅，生滅則老死滅，愁慼啼哭、憂苦懊惱可得滅，如是此淳大苦陰滅。比丘！非為具足愛盡解脫耶？」

比丘答曰：「如是，世尊！具足愛盡解脫也。」

說是法時，此三千大千世界三反震動：動、盡動，戰、盡戰，震、盡震。是故此經稱愛盡解脫。

佛說如是，彼諸比丘聞佛所說，歡喜奉行。

*嗏帝經第十竟四千六百九十一字

中阿含經卷第五十四九千三百六十一字

中阿含大品第二竟三萬九千九百一十二字　第五後誦

中阿含經卷第五十五

東晉罽賓三藏瞿曇僧伽提婆譯

中阿含晡利多品第五後誦（有十經）

持齋、晡利多，羅摩、五下分，
心穢、箭毛二，*鞞摩那修學，
法樂比丘尼，拘絺羅在後。

（二〇二）中阿含哺利多品持齋經第一

我聞如是：一時，佛遊舍衛國，在於東園鹿子母堂。

爾時鹿子母毘舍佉平旦沐浴，著白淨衣，將子婦等眷屬圍繞，往詣佛所，稽首作禮，却住一面。

世尊問曰：「居士婦！今沐浴耶？」

答曰：「世尊！我今持齋。善逝！我今持齋。」

世尊問曰：「居士婦！今持何等齋耶？齋有三種。云何為三？一者、放牛兒齋，二者、尼揵齋，三者、聖八支齋。

「居士婦！云何名為放牛兒齋？若放牛兒朝放澤中，哺收還村。

彼還村時，作如是念：『我今日在此處放牛，明日當在彼處放牛。我今日在此處飲牛，明日當在彼處飲牛。我牛今在此處宿止，明日當在彼處宿止。』居士婦！如是有人若持齋時，作是思惟：『我今日食如此之食，明日當食如彼食也。我今日飲如此之飲，明日當飲如彼飲也。我今含消如此含消，明*當含消如彼含消。』其人於此晝夜樂著欲過，是謂名曰放牛兒齋。若如是持①放牛兒齋者，不獲大利，不得大果，無大功德，不得廣布。

「居士婦！云何名為尼揵齋耶？若有出家學尼揵者，彼勸人曰：『汝於東方過百由延外有衆生者，擁護彼故，棄捨刀杖；如是南方、西方、北方過百由延外有衆生者，擁護彼故，棄捨刀杖。』是為彼勸進人，或有想護衆生，或無想不護衆生。汝當十五日說從解脫時，脫衣裸形，東向住立，作如是說：『我無父母，非父母有；我無妻子，非妻子有；我無奴婢，非奴婢*主。』居士婦！彼勸進於真諦語，而反勸進虛妄之言。彼人日日見其父母，便作此念：『是我父母。』父母日日見其兒子，亦作此念：『是我兒子。』彼見妻子而作此念：『是我妻子。』妻子見彼亦作此念：『是我尊長。』彼見奴婢復作此念：『是我奴婢。』奴婢見彼亦作此念：『是我大家。』彼用此欲，不與而用，非是與用，是謂名曰尼揵齋也。若如是持尼揵齋者，不獲大利，不得大果，無大功德，不得廣布。

「居士婦！云何名為聖八支齋？多聞聖弟子若持齋時，作是思惟

：『阿羅訶真人盡形壽離殺，斷殺，棄捨刀杖，有慚有愧，有慈悲心，饒益一切乃至蜫蟲，彼於殺生淨除其心。我亦盡形壽離殺，斷殺，棄捨刀杖，有慚有愧，有慈悲心，饒益一切乃至蜫蟲，我今於殺生淨除其心。我以此支於阿羅訶等同無異，是故說齋。』

「復次，居士婦！多聞聖弟子若持齋時，作是思惟：『阿羅訶真人盡形壽離不與取，斷不與取，與而後取，樂於與取，常好布施，心樂放捨，歡喜無恡，不望其報，不以盜覆心，能自制己，彼於不與取淨除其心。我亦盡形壽離不與取，斷不與取，與而後取，樂於與取，常好布施，心樂放捨，歡喜無恡，不望其報，不以盜覆心，能自制己，我於不與取淨除其心。我以此支於阿羅訶等同無異，是故說齋。』

「復次，居士婦！多聞聖弟子若持齋時，作是思惟：『阿羅訶真人盡形壽離非梵行，斷非梵行，修行梵行，至誠心淨，行無臭穢，離欲斷婬，彼於非梵行淨除其心。我於此日此夜離非梵行，斷非梵行，修行梵行，至誠心淨，行無臭穢，離欲斷婬，我於非梵行淨除其心。我以此支於阿羅訶等同無異，是故說齋。』

「復次，居士婦！多聞聖弟子若持齋時，作是思惟：『阿羅訶真人盡形壽離妄言，斷妄言，真諦言，樂真諦，住真諦，為人所信，不欺世間，彼於妄言淨除其心。我亦盡形壽離妄言，斷妄言，真諦言，樂真諦，住真諦，為人所信，不欺世間，我於妄言淨除其心。我以此支於阿羅訶等同無異，是故說齋。』

「復次，居士婦！多聞聖弟子若持齋時，作是思惟：『阿羅訶真人盡形壽離酒放逸，斷酒放逸，彼於酒放逸淨除其心。我亦盡形壽離酒放逸，斷酒放逸，我於酒放逸淨除其心。我以此支於阿羅訶等同無異，是故說齋。』

「復次，居士婦！多聞聖弟子若持齋時，作是思惟：『阿羅訶真人盡形壽離高廣大床，斷高廣大床，樂下坐臥，或床或敷草，彼於高廣大床淨除其心。我於此日此夜離高廣大床，斷高廣大床，樂下坐臥，或床或敷草，我於高廣大床淨除其心。我以此支於阿羅訶等同無異，是故說齋。』

「復次，居士婦！多聞聖弟子若持齋時，作是思惟：『阿羅訶真人盡形壽離華鬘、瓔珞、塗香、脂粉、歌舞、倡伎及往觀聽，斷華鬘、瓔珞、塗香、脂粉、歌舞、倡伎及往觀聽，彼於華鬘、瓔珞、塗香、脂粉、歌舞、倡伎及往觀聽淨除其心。我於此日此夜離華鬘、瓔珞、塗香、脂粉、歌舞、倡伎及往觀聽，斷華鬘、瓔珞、塗香、脂粉、歌舞、倡伎及往觀聽，我於華鬘、瓔珞、塗香、脂粉、歌舞、倡伎及往觀聽淨除其心。我以此支於阿羅訶等同無異，是故說齋。』

「復次，居士婦！多聞聖弟子若持齋時，作是思惟：『阿羅訶真人盡形壽離非時食，斷非時食，一食，不夜食，樂於時食，彼於非時食淨除其心。我於此日此夜離非時食，斷非時食，一食，不夜食，樂於時食，我於非時食淨除其心。我以此支於阿羅訶等同無異，是故說齋。』

「彼*住此聖八支齋已，於上當復修習五法。云何為五？

「居士婦！多聞聖弟子若持齋時，憶念如來：『彼世尊、如來、無所著、等正覺、明行成為、善逝、世間解、無上士、道法御、天人師、號佛、衆祐。』彼作如是憶念如來已，若有惡伺，彼便得滅；所有穢汚惡不善法，彼亦得滅。居士婦！多聞聖弟子緣如來故，心*靜得喜，若有惡伺，彼便得滅；所有穢汚惡不善法，彼亦得滅。

「譬若如人，頭有垢膩，因膏澤、暖湯、人力洗沐故，彼便得淨。如是多聞聖弟子若持齋時，憶念如來：『彼世尊、如來、無所著、等正覺、明行成為、善逝、世間解、無上士、道法御、天人師、號佛、眾祐。』彼作如是憶念如來已，若有惡伺，彼便得滅；所有穢汚惡不善法，彼亦得滅。居士婦！多聞聖弟子緣如來故，心*靜得喜，若有惡伺，彼便得滅；所有穢汚惡不善法，彼亦得滅。是謂多聞聖弟子持梵齋，梵共會，因梵故，心*靜得喜，若有惡伺，彼便得滅；所有穢汚惡不善法，彼亦得滅。

「復次，居士婦！多聞聖弟子若持齋時，憶念於法：『此法世尊善說，究竟，恒不變易，正智所知，正智所見，正智所覺。』彼作如是憶念法已，若有惡伺，彼便得滅；所有穢汚惡不善法，彼亦得滅。居士婦！多聞聖弟子緣於法故，心*靜得喜，若有惡伺，彼便得滅；所有穢汚惡不善法，彼亦得滅。

「猶人身有垢膩不淨，因麩、澡豆、暖湯、人力極洗浴故，身便得淨。如是多聞聖弟子若持齋時，憶念於法：『此法世尊善說，究竟，恒不變易，正智所知，正智所見，正智所覺。』彼作如是憶念法已，若有惡伺，彼便得滅；所有穢汚惡不善法，彼亦得滅。居士婦！多聞聖弟子緣於法故，心*靜得喜，若有惡伺，彼便得滅；所有穢汚惡不善法，彼亦得滅。居士婦！是謂多聞聖弟子持法齋，法共會，因法故，心*靜得喜，若有惡伺，彼便得滅；所有穢汚惡不善法，彼亦得滅。

「復次，居士婦！多聞聖弟子若持齋時，憶念於眾：『世尊弟子眾善趣向質直，行要行趣。如來眾中實有阿羅訶真人趣、阿羅訶果證、阿那含趣、阿那含果證、斯陀含趣、斯陀含果證、須陀洹趣、須陀洹果證，是為四雙人八輩聖士。是謂世尊弟子衆，成就戒、定、慧、解脫、解脫*知見☆，可呼、可請、可供養、可奉事、可敬重，則為天人良福之田。』」彼作如是憶念衆已，若有惡伺，彼便得滅；所有穢汚惡不善法，彼亦得滅。居士婦！多聞聖弟子緣於衆故，心*靜得喜，若有惡伺，彼便得滅；所有穢汚惡不善法，彼亦得滅。

「猶如人衣有垢膩不淨，因灰、皂莢、澡豆、湯水、人力浣故，彼便得淨。如是多聞聖弟子若持齋時，憶念於衆：『世尊弟子衆善趣向質直，行要行趣。如來衆中實有阿羅訶真人趣、阿羅訶果證、阿那含趣、阿那含果證、斯陀含趣、斯陀含果證、須陀洹趣、須陀洹果證，是為四雙人八輩聖士。是謂世尊弟子衆，成就戒、定、慧、解脫、解脫*知見☆，可呼、可請、可供養、可奉事、可敬重，則為天人良福之田。』彼作如是憶念衆已，若有惡伺，彼便得滅；所有穢汚惡不善法，彼亦得滅。居士婦！多聞聖弟子緣於衆故，心*靜得喜，若有惡伺，彼便得滅；所有穢汚惡不善法，彼亦得滅。是謂多聞聖弟子持衆齋，衆共會，因衆故，心*靜得喜，若有惡伺，彼便得滅；所有穢汚惡不善法，彼亦得滅。

「復次，居士婦！多聞聖弟子若持齋時，憶念自戒：『不缺不穿，無穢無汚，極廣極大，不望其報，智者稱譽，善具善趣，善受善持。』彼作如是憶念自戒已，若有惡伺，彼便得滅；所有穢汚惡不善法，彼亦得滅。居士婦！多聞聖弟子緣於戒故，心*靜得喜，若有惡伺，彼便得滅；所有穢污惡不善法，彼亦得滅。猶若如鏡，生垢不明，因石磨鋥瑩，由人力治便得明淨。如是多聞聖弟子若持齋時，憶念自戒：『不缺不穿，無穢無污，極廣極大，不望其報，智者稱譽，善具善趣，善受善持。』彼作如是憶念自戒已，若有惡伺，彼便得滅；所有穢污惡不善法，彼亦得滅。居士婦！多聞聖弟子緣於戒故，心*靜得喜，若有惡伺，彼穢得滅；所有穢污惡不善法，彼亦得滅。是謂多聞聖弟子持戒齋，戒共會，因戒故，心*靜得喜，若有惡伺，彼便得滅；所有穢污惡不善法，彼亦得滅。

「復次，居士婦！多聞聖弟子若持齋時，憶念諸天：『實有四王天。彼天若成就信，於此命終，得生彼間，我亦有彼信。彼天若成就戒、聞、施、慧，於此命終，得生彼間，我亦有彼慧。實有三十三天、焰摩天、兜率哆天、化樂天、他化樂天。彼天若成就信，於此命終，得生彼間，我亦有彼信。彼天若成就戒、聞、施、慧，於此命終，得生彼間，我亦有彼慧。』彼作如是憶念已，及諸天信、戒、聞、施、慧，若有惡伺，彼便得滅；所有穢汚惡不善法，彼亦得滅。居士婦！多聞聖弟子緣諸天故，心*靜得喜，若有惡伺，彼便得滅；所有穢汚惡不善法，彼亦得滅。

「猶如上色金，生垢不淨，因火*橐、鉆椎、赤土、人力，磨拭瑩治，便得明淨。如是多聞聖弟子若持齋時，憶念諸天：『實有四王天。彼天若成就信，於此命終，得生彼間，我亦有彼信。彼天若成就戒、聞、施、慧，於此命終，得生彼間，我亦有彼慧。實有三十三天、焰摩天、兜率多天、化樂天、他化樂天。彼天若成就信，於此命終，得生彼間，我亦有彼信。彼天若成就戒、聞、施、慧，於此命終，得生彼間，我亦有彼慧。』彼作如是憶念已，及諸天信、戒、聞、施、慧，若有惡伺，彼便得滅；所有穢汚惡不善法，彼亦得滅。

「居士婦！若行如是聖八支齋，若有十六大國，謂：一者、鴦迦，二者、摩竭陀，三者、迦尸，四者、拘薩羅，五者、拘樓，六者、般闍羅，七者、阿攝貝，八者、阿和檀提，九者、枝提，十者、跋耆，十一者、跋蹉，十二、跋羅，十三、蘇摩，十四、蘇羅吒，十五、喻尼，十六、劍浮。此諸國中所有錢寶、金、銀、摩尼、真珠、琉璃、*壤伽、碧玉、珊瑚、留邵、鞞留①勒、*瑪瑙、螭*蝐、赤石、*琁珠，設使有人於中作王，隨用自在者，彼一切*皆持聖八支齋，不直十六分。

「居士婦！我因此故說，人王者不如天樂。若人五十歲是四王天一晝一夜，如是三十晝夜為一月，十二月為一歲，如此五百歲是四王天壽。居士婦！必有是處。若族姓男、族姓女持聖八支齋，身壞命終，生四*王天☆中。

「居士婦！我因此故說，人王者不如天樂。若人百歲是三十三天一晝一夜，如是三十晝夜為一月，十二月為一歲，如此千歲是三十三天壽。居士婦！必有是處。若族姓男、族姓女持聖八支齋，身壞命終，生三十三天中。

「居士婦！我因此故說，人王者不如天樂。若人二百歲是焰摩天一晝一夜，如是三十晝夜為一月，十二月為一歲，如此二千歲是焰摩天壽。居士婦！必有是處。若族姓男、族姓女持聖八支齋，身壞命終，生焰摩天中。

「居士婦！我因此故說，人王者不如天樂。若人四百歲是兜率陀天一晝一夜，如是三十晝夜為一月，十二月為一歲，如此四千歲是兜率陀天壽。居士婦！必有是處。若族姓男、族姓女持聖八支齋，身壞命終，生兜率哆天中。

「居士婦！我因此故說，人王者不如天樂。若人八百歲是化樂天一晝一夜，如是三十晝夜為一月，十二月為一歲，如此八千歲是化樂天壽。居士婦！必有是處。若族姓男、族姓女持聖八支齋，身壞命終，生化樂天中。

「居士婦！我因此故說，人王者不如天樂。若人千六百歲是他化樂天一晝一夜，如是三十晝夜為一月，十二月為一歲，如此萬六千歲是他化樂天壽。居士婦！必有是處。若族姓男、族姓女持聖八支齋，身壞命終，生他化樂天中。」

於是鹿子母毘舍佉叉手向佛，白曰：「世尊！聖八支齋甚奇！甚特！大利大果，有大功德，有大廣布。世尊！我從今始，自盡形壽持聖八支齋，隨其事力，布施修福。」

於是鹿子母聞佛所說，◎善受☆善持，稽首②佛足，繞三匝而去。

佛說如是，鹿子母毘舍佉及諸比丘聞佛所說，歡喜奉行。

持齋經第一竟四千四十九字

(二〇三)中阿含晡利多品晡利多經第二第五後誦

我聞如是：一時，佛遊那難大◎國，在波和利棕園之中。

爾時晡利多居士著白淨衣，白巾裹頭，拄杖執蓋，著世俗屣，從園至園，從觀至觀，從林至林，遍遊①行彷徉。若見諸沙門、梵志者，便作是說：「諸賢！當知我離俗斷俗，捨諸俗事。」

彼諸沙門、梵志以濡軟柔和語曰：「唯然，賢晡利多離俗斷俗，捨諸俗事。」

於是晡利多居士遍遊行彷徉，往詣佛所，共相問訊，當在佛前，拄杖而立。

世尊告曰：「居士！有座，欲坐便坐。」

晡利多居士白曰：「瞿曇！此事不然，此事不可。所以者何？我離俗斷俗，捨諸俗事，而沙門瞿曇喚我為居士耶？」

世尊答曰：「汝有相*標幟如居士，是故我喚汝：『居士！有座，欲坐便坐。』」

世尊如是復至再三告曰：「居士！有座，欲坐便坐。」

哺利多居士亦至再三白曰：「瞿曇！此事不然，此事不可。我離俗斷俗，捨諸俗事，而沙門瞿曇喚我為居士耶？」

世尊答曰：「汝有相*標幟如居士，是故我喚汝：『居士！有座，欲坐便坐。』」

世尊問曰：「汝云何離俗斷俗，捨諸俗事耶？」

哺利多居士答曰：「瞿曇！我家一切所有財物盡持施兒，我無為無求遊，唯往取食，存命而已。如是我離俗斷俗，捨諸俗事。」

世尊告曰：「居士！聖法律中不如是斷絕俗事。居士！聖法律中有八支斷俗事也。」

於是哺利多居士捨杖却蓋及脫俗屣，叉手向佛，白曰：「瞿曇！

聖法律中云何八支斷俗事耶？」
世尊答曰：「居士！多聞聖弟子依離殺、斷殺，依離不與取、斷不與取，依離邪婬、斷邪婬，依離妄言、斷妄言，依無貪著、斷貪著，依無害恚、斷害恚，依無憎嫉惱、斷憎嫉惱，依無增上慢、斷增上慢。

「居士！多聞聖弟子云何依離殺、斷殺耶？多聞聖弟子作是思惟：『殺者必受惡報，現世及後世。若我殺者，便當自害，亦誣謗他。天及諸智梵行者道說我戒，諸方悉當聞我惡名，身壞命終必至惡處，生地獄中。如是殺者受此惡報，現世及後世，我今寧可依離殺、斷殺耶！』便依離殺、斷殺。如是多聞聖弟子依離殺、斷殺也。

「居士！多聞聖弟子云何依離不與取、斷不與取耶？多聞聖弟子作是思惟：『不與取者必受惡報，現世及後世。若我不與取者，便當自害，亦誣謗他。天及諸智梵行者道說我戒，諸方悉當聞我惡名，身壞命終必至惡處，生地獄中。如是不與取者受此惡報，現世及後世，我今寧可依離不與取、斷不與取耶！』便依離不與取、斷不與取。如是多聞聖弟子依離不與取、斷不與取也。

「居士！多聞聖弟子云何依離邪婬、斷邪婬⊙耶？多聞聖弟子作是思惟：『邪婬者必受惡報，現世及後世。若我邪婬者，便當自害，亦誣謗他。天及諸智梵行者道說我戒，諸方悉當聞我惡名，身壞命終必至惡處，生地獄中。如是邪婬者受此惡報，現世及後世，我今寧可依離邪婬、斷邪婬耶！』便依離邪婬、斷邪婬。如是多聞聖弟子依離邪婬、斷邪婬也。

「居士！多聞聖弟子云何依離妄言、斷妄言耶？多聞聖弟子作是思惟：『妄言者必受惡報，現世及後世。若我妄言者，便當自害，亦誣謗他。天及諸智梵行者道說我戒，諸方悉當聞我惡名，身壞命終必至惡處，生地獄中。如是妄言者受此惡報，現世及後世，我今寧可依離妄言、斷妄言耶！』便依離妄言、斷妄言。如是多聞聖弟子依離妄言、斷妄言也。

「居士！多聞聖弟子云何依無貪著、斷貪著耶？多聞聖弟子作是思惟：『貪著者必受惡報，現世及後世。若我貪著者，便當自害，亦誣謗他。天及諸智梵行者道說我戒，諸方悉當聞我惡名，身壞命終必至惡處，生地獄中。如是貪著者受此惡報，現世及後世，我今寧可依無貪著、斷貪著耶！』便依無貪著、斷貪著。如是多聞聖弟子依無貪著、斷貪著也。

「居士！多聞聖弟子云何依無害恚、斷害恚耶？多聞聖弟子作是思惟：『害恚者必受惡報，現世及後世。若我害恚者，便當自害，亦誣謗他。天及諸智梵行者道說我戒，諸方悉當聞我惡名，身壞命終必至惡處，生地獄中。如是害恚者受此惡報，現世及後世，我今寧可依無害恚、斷害恚耶！』便依無害恚、斷害恚。如是多聞聖弟子依無害恚、斷害恚也。

「居士！多聞聖弟子云何依無憎嫉惱、斷憎嫉惱耶？多聞聖弟子作是思惟：『憎嫉惱者必受惡報，現世及後世。若我憎嫉惱者，便當自害，亦誣謗他。天及諸智梵行者道說我戒，諸方悉當聞我惡名，身壞命終必至惡處，生地獄中。如是憎嫉惱者受此惡報，現世及後世，我今寧可依無憎嫉惱、斷憎嫉惱耶！』便依無憎嫉惱、斷憎嫉惱。如是多聞聖弟子依無憎嫉惱、斷憎嫉惱也。

「居士！多聞聖弟子云何依無增上慢、斷增上慢耶？多聞聖弟子作是思惟：『增上慢者必受惡報，現世及後世。若我增上慢者，便當自害，亦誣謗他。天及諸智梵行者道說我戒，諸方悉當聞我惡名，身壞命終必至惡處，生地獄中。如是增上慢者受此惡報，現世及後世，我今寧可依無增上慢、斷增上慢耶！』便依無增上慢、斷增上慢。如是多聞聖弟子依無增上慢、斷增上慢也。是謂聖法律中有八支斷絕俗事。」

居士問曰：「瞿曇！聖法律中但是斷俗事？復更有耶？」世尊答曰：「聖法律中不但有是斷絕俗事，更有八支斷絕俗事得作證也。」

晡利多居士聞已，便脫白巾，叉手向佛，白曰：「瞿曇！聖法律中云何更有八支斷絕俗事得作證耶？」

世尊答曰：「居士！猶如有狗，飢餓羸乏，至屠牛處。彼屠牛師、屠牛弟子，淨摘除肉，擲骨與狗。狗得骨已，處處咬嚙，破脣缺齒，或傷咽喉，然狗不得以此除飢。居士！多聞聖弟子亦復作是思惟：『欲如骨鏁。世尊說欲如骨鏁，樂少苦多，多有災患，當遠離之。』若有此捨，離欲、離惡不善之法，謂此一切世間飲食永盡無餘，當修習彼。

「居士！猶去村不遠，有小肉臠，墮在露地。或烏或鵄持彼肉去，餘烏鵄烏競而逐之。於居士意云何？若此烏鵄不速捨此小肉臠者，致餘烏鵄競而逐耶？」

居士答曰：「唯然，瞿曇！」

「於居士意云何？若此烏鵄能速捨此小肉臠者，餘烏鵄烏當復競逐耶？」

居士答曰：「不也，瞿曇！」

「居士！多聞聖弟子亦復作是思惟：『欲如肉臠。世尊說欲如肉臠，樂少苦多，多有災患，當遠離之。』若有此捨，離欲、離惡不善之法，謂此一切世間飲食永盡無餘，當修習彼。

「居士！猶如有人，手把火炬，向風而行。於居士意云何？若使此人不速捨者，必燒其手、餘*肢體耶？」

居士答曰：「唯然，瞿曇！」

「於居士意云何？若使此人速捨炬者，當燒其手、餘*肢體耶？」

居士答曰：「不也，瞿曇！」

「居士！多聞聖弟子亦復作是思惟：『欲如火炬。世尊說欲如火炬，樂少苦多，多有災患，當遠離之。』若有此捨，離欲、離惡不善之法，謂此一切世間飲食永盡無餘，當修習彼。

「居士！猶去村不遠，有大火坑，滿其中火，而無烟燄。若有人來，不愚不癡，亦不顛倒，自住本心，自由自在，用樂不用苦，甚憎惡苦；用活不用死，甚憎惡死。於居士意云何？此人寧當入火坑耶？」

居士答曰：「不也，瞿曇！所以者何？彼見火坑，便作是思惟：『若墮火坑，必死無疑；設不死者，定受極苦。』彼見火坑，便思遠離，願求捨離。」

「居士！多聞聖弟子亦復作是思惟：『欲如火坑。世尊說欲如火坑，樂少苦多，多有災患，當遠離之。』若有此捨，離欲、離惡不善之法，謂此一切世間飲食永盡無餘，當修習彼。

「居士！猶去村不遠，有大毒蛇，至惡苦毒，黑色可畏。若有人來，不愚不癡，亦不顛倒，自住本心，自由自在，用樂不用苦，甚憎惡苦；用活不用死，甚憎惡死。於居士意云何？此人寧當以手授與及餘支體，作如是說：螫我、螫我耶？」

居士答曰：「不也，瞿曇！所以者何？彼見毒蛇，便作是思惟：『若我以手及餘支體，使蛇螫者，必死無疑；設不死者，定受極苦。』彼見毒蛇，便思遠離，願求捨離。」

「居士！多聞聖弟子亦復作是思惟：『欲如毒蛇。世尊說欲如毒蛇，樂少苦多，多有災患，當遠離之。』若有此捨，離欲、離惡不善之法，謂此一切世間飲食永盡無餘，當修習彼。

「居士！猶如有人，夢得具足五欲自娛，彼若*寤已，都不見一。居士！多聞聖弟子亦復作是思惟：『欲如夢也。世尊說欲如夢也，樂少苦多，多有災患，當遠離之。』若有此捨，離欲、離惡不善之法，謂此一切世間飲食永盡無餘，當修習彼。

「居士！猶如有人假借樂具，或宮殿樓閣，或園觀浴池，或象馬車乘，或繒綿被，或指環、臂釧，或香瓔珞、頸鉗，或金寶華鬘，或名衣上服。多人見已，而共歎曰：『如是為善！如是為快！若有財物，應作如是極自娛樂。』其物主者，隨所欲奪，或教人奪，即便自奪，或教人奪。多人見已，而共說曰：『彼假借者，實為欺誑，非是假借。所以者何？其物主者，隨所欲奪，或教人奪，即便自奪，或教人奪。』居士！多聞聖弟子亦復作是思惟：『欲如假借。世尊說欲如假借，樂少苦多，多有災患，當遠離之。』若有此捨，離欲、離惡不善之法，謂此一切世間飲食永盡無餘，當修習彼。

「居士！猶去村不遠，有大果樹，此樹常多有好美果。若有人來，飢餓羸乏，欲得食果。彼作是念：『此樹常多有好美果，我飢羸乏，欲得食果，然此樹下無自落果可得飽食及持歸去。我能緣樹，我今寧可上此樹耶！』念已便上。復有一人來，飢餓羸乏，欲得食果，持極利斧。彼作是念：『此樹常多有好美果，然此樹下無自落果可得飽食及持歸去。我不能緣樹，我今寧可斫倒此樹耶？』即便斫倒。

「於居士意云何？若樹上人不速來下者，樹倒地時，必折其臂、餘*肢體耶？」

居士答曰：「唯然，瞿曇！」

「於居士意云何？若樹上人速來下者，樹倒地時，寧折其臂、餘*肢體耶？」

居士答曰：「不也，瞿曇！」

「居士！多聞聖弟子亦復作是思惟：『欲如樹果。世尊說欲如樹果，樂少苦多，多有災患，當遠離之。』若有此捨，離欲、離惡不善之法，謂此一切世間飲食永盡無餘，當修習彼。是謂聖法律中更有此八支斷絕俗事而得作證。」

「居士！彼有覺、有觀息，內*靜一心，無覺、無觀，定生喜樂，得第二禪成就遊。彼已離喜欲，捨無求遊，正念正智而身覺樂，謂聖所說、聖所捨、念、樂住、*定，得第三禪成就遊。彼樂滅、苦滅，喜憂本已滅，不苦不樂，捨、念清淨，得第四禪成就遊。彼已如是定心清淨，無穢無煩，柔軟善住，得不動心，修學漏盡智通作證。彼知此苦如真，知此苦習、知此苦滅、知此苦滅道如真；知此漏如真，知此漏習、知此漏滅、知此漏滅道如真。彼如是知、如是見，欲漏心解脫，有漏、無明漏心解脫，解脫已便知解脫：生已盡，梵行已立，所作已辦，不更受有，知如真。」

說此法時，晡利多居士遠塵離垢，諸法法眼生。於是晡利多居士見法得法，覺白淨法，斷疑度惑，更無餘尊，不復由他，無有猶豫，已住果證，於世尊法得無所畏，稽首佛足，白曰：「世尊！我今自歸於佛、法及比丘眾，唯願世尊受我為優婆塞！從今日始，終身自歸，乃至命盡。世尊！我本著白淨衣，白巾裹頭，拄杖執蓋，及著俗屣，從園至園，從觀至觀，從林至林，遍遊行彷徉。若見諸沙門、梵志者，便作是語：『諸賢！我離俗斷俗，捨諸俗事。』彼諸沙門、梵志濡軟柔和語我言：『唯然，賢晡利多離俗斷俗，捨諸俗事。』世尊！我於爾時，彼實無智安著智處，實無智祠，又無智食實，無智奉事如智慧人。世尊！我從今日，諸比丘眾及世尊弟子，此實有智安著智慧處，實有智祠，又有智食，實有智奉事智慧人也。世尊！我今再自歸佛、法及比丘衆，唯願世尊受我為優婆塞！從今日始，終身自歸，乃至命盡。世尊！我本所信敬重外道沙門、梵志者，從今日斷。世尊！我[1]今三自歸佛、法及比丘衆，唯願世尊受我為優婆塞！從今日始，終身自歸，乃至命盡。」

佛說如是，晡利多居士及諸比丘聞佛所說，歡喜奉行。

晡利多經第二竟三千六百四十二字

中阿含經卷第五十五七千六百九十一字　**第五後誦**

中阿含經卷第五十六

東晉罽賓三藏瞿曇僧伽提婆譯

(二〇四)晡利多品羅摩經第三 第五後誦

我聞如是：一時，佛遊舍衛國，在於東園鹿子母堂。

爾時世尊則於晡時，從燕坐起，堂上來下，告尊者阿難：「我今共汝，至阿夷羅婆提河浴。」

尊者阿難白曰：「唯然。」

尊者阿難執持戶鑰，遍詣諸屋而彷徉，見諸比丘，便作是說：「諸賢！可共詣梵志羅摩家。」

諸比丘聞已，便共往詣梵志羅摩家。

世尊將尊者阿難，往至阿夷羅婆提河，脫衣岸上，便入水浴，浴已還出拭體著衣。

爾時尊者阿難立世尊後，執扇扇佛。於是尊者阿難叉手向佛，白曰：「世尊！梵志羅摩家極好整頓，甚可愛樂。唯願世尊以慈愍故，往至梵志羅摩家！」

世尊為尊者阿難默然而受。於是世尊將尊者阿難，往至梵志羅摩家。爾時梵志羅摩家眾多比丘集坐說法，佛住門外待諸比丘說法訖竟。衆多比丘尋說法訖，默然而住。世尊知已，謦欬敲門，諸比丘聞，即往開門。

世尊便入梵志羅摩家，於比丘衆前敷座而坐，問曰：「諸比丘向說何等？以何事故集坐在此？」

時諸比丘答曰：「世尊！向者說法，以此法事集坐在此。」

世尊歎曰：「善哉！善哉！比丘集坐當行二事：一曰說法，二曰默然。所以者何？我亦為汝說法，諦聽！諦聽！善思念之。」

時諸比丘白曰：「唯然，當受教聽。」

佛言：「有二種求：一曰聖求，二曰非聖求。云何非聖求？有一實病法、求病法，實老法、死法、愁憂慼法，實穢汚法、求穢汚法。

云何實病法、求病法？云何病法耶？兒子、兄弟是病法也，象馬、牛羊、奴婢、錢財、珍寶、米穀是病害法。衆生於中觸染貪著，憍慠受入，不見災患，不見出要，而取用之。云何老法、死法、愁憂慼法、穢汚法耶？兒子、兄弟是穢汚法，象馬、牛羊、奴婢、錢財、珍寶、米穀是穢法、害法。衆生於中染觸貪著，憍慠受入，不見災患，不見出要，而取用之。彼人欲求無病無上安隱涅槃，得無病無上安隱涅槃者，終無是處；求無老、無死、無愁憂慼、無穢汚無上安隱涅槃，得無老、無死、無愁憂慼、無穢汚無上安隱涅槃者，終無是處。是謂非聖求。

「云何聖求耶？有一作是念：『我自實病法，無辜求病法；我自實老法、死法、愁憂慼法、穢汚法，無辜求穢汚法。我今寧可求無病無上安隱涅槃，求無老、無死、無愁憂慼、無穢汚法無上安隱涅槃。』彼人便求無病無上安隱涅槃，得無病無上安隱涅槃者，必有是處；求無老、無死、無愁憂慼、無穢汚無上安隱涅槃，得無老、無死、無愁憂慼、無穢汚無上安隱涅槃者，必有是處。

「我本未覺無上正盡覺時，亦如是念：『我自實病法，無辜求病法；我自實老法、死法、愁憂慼法、穢汚法，無辜求穢汚法。我今寧可求無病無上安隱涅槃，求無老、無死、無愁憂慼、無穢汚無上安隱涅槃耶！』我時年少童子，清淨青髮，盛年年二十九；爾時極多樂戲，莊飾遊行。我於爾時，父母啼哭，諸親不樂。我剃除鬚髮，著袈裟衣，至信捨家無家學道，護身命清淨，護口、意命清淨。我成就此戒身已，欲求無病無上安隱涅槃，無老、無死、無愁憂慼、無穢汚無上安隱涅槃故，更往阿羅羅伽羅摩所，問曰：『阿羅羅！我欲於汝法行梵行，為可爾不？』阿羅羅答我曰：『賢者！我無不可，汝欲行便行。』我復問曰：『阿羅羅！云何汝此法自知自覺自作證耶？』阿羅羅答我曰：『賢者！我度一切識處，得無所有處成就遊，是故我法自知自覺自作證。』

「我復作是念：『不但阿羅羅獨有此信，我亦有此信；不但阿羅羅獨有此精進，我亦有此精進；不但阿羅羅獨有此慧，我亦有此慧。』阿羅羅於此法自知自覺自作證，我欲證此法故，便獨住遠離、空安*靜處，心無放逸，修行精勤。我獨住遠離、空安*靜處，心無放逸，修行精勤已，不久得證彼法。證彼法已，復往詣阿羅羅*伽羅摩所，問曰：『阿羅羅！此法自知自覺自作證，調度一切無量識處，得無所有處成就遊耶？』阿羅羅伽羅摩答我曰：『賢者！我是法自知自覺自作證，調度無量識處，得無所有處成就遊。』阿羅羅伽羅摩復語我曰：『賢者！是為如我此法作證，汝亦然；如汝此法作證，我亦然。賢者！汝來共領此衆。』是為阿羅羅伽羅摩師處，我與同等，最上恭敬，最上供養，最上歡喜。

「我復作是念：『此法不趣智，不趣覺，不趣涅槃。我今寧可捨此法，更求無病無上安隱涅槃，求無老、無死、無愁憂慼、無穢汚無上安隱涅槃。』我即捨此法，便求無病無上安隱涅槃，求無老、無死、無愁憂慼、無穢汚無上安隱涅槃已，往詣欝陀羅羅摩子所，問曰：『欝陀羅！我欲於汝法中學，為可爾不？』欝陀羅羅摩子答我曰：『賢者！我無不可，汝欲學便學。』我復問曰：『欝陀羅！汝*父羅摩☆自知自覺自作證何等法耶？』欝陀羅羅摩子答我曰：『賢者！度一切無所有處，得非有想非無想處成就遊。賢者！我父羅摩自知自覺自作證，謂此法也。』

「我復作是念：『不但羅摩獨有此信，我亦有此信；不但羅摩獨有此精進，我亦有此精進；不但羅摩獨有此慧，我亦有此慧。羅摩自知自覺自作證此法，我何故不得自知自覺自作證此法耶？』我欲證此法故，便獨住遠離、空安*靜處，心無放逸，修行精勤。我獨住遠離、空安*靜處，心無放逸，修行精勤已，不久得證彼法。證彼法已，復往欝陀羅羅摩子所，問曰：『欝陀羅！汝父羅摩，是法自知自覺自作證，謂度一切無所有處，得非有想非無想處成就遊耶？』欝陀羅羅摩子答我曰：『賢者！我父羅摩，是法自知自覺自作證，謂度一切無所有處，得非有想非無想處成就遊。』欝陀羅復語我曰：『如我父羅摩此法作證，汝亦然；如汝此法作證，我父亦然。賢者！汝來共領此衆。』欝陀羅羅摩子同師處，我亦如師，最上恭敬，最上供養，最上歡喜。

「我復作是念：『此法不趣智，不趣覺，不趣涅槃。我今寧可捨此法，更求無病無上安隱涅槃，求無老、無死、無愁憂慼、無穢汚無上安隱涅槃。』我即捨此法，便求無病無上安隱涅槃，求無老、無死、無愁憂慼、無穢汚無上安隱涅槃已，往象頂山南鬱鞞羅梵志村，名曰斯那，於彼中地至可愛樂，山林鬱茂，尼連禪河清流盈岸。我見彼已，便作是念：『此地至可愛樂，山林鬱茂，尼連禪河清流盈岸。若族姓子欲有學者，可於中學；我亦當學，我今寧可於此中學。』即便持草往詣覺樹，到已布下，敷尼師檀，結跏趺坐。要不解坐，至得漏盡；我便不解坐，至得漏盡。我求無病無上安隱涅槃，便得無病無上安隱涅槃；求無老、無死、無愁憂慼、無穢汚無上安隱涅槃，便得無老、無死、無愁憂慼、無穢汚無上安隱涅槃。生知生見，定道品法，生已盡，梵行已立，所作已辦，不更受有，知如真。

「我初覺無上正盡覺已，便作是念：『我當為誰先說法耶？』我復作是念：『我今寧可為阿羅羅*伽摩先說法耶？』爾時有天，住虛空中而語我曰：『大仙人！當知阿羅羅*伽摩彼命終來至今七日。』我亦自知阿羅羅*伽摩其命終來得今七日。我復作是念：『阿羅羅*伽摩，彼人長衰不聞此法；若聞此者，速知法次法。』我初覺無上正盡覺已，作如是念：『我當為誰先說法耶？』我復作是念：『我今寧可為欝陀羅羅摩子先說法耶？』天復住空而語我曰：『大仙人！當知欝陀羅羅摩子命終已來二七日也。』我亦自知欝陀羅羅摩子命終已來二七日也。我復作是念：『欝陀羅羅摩子，彼人長衰不聞此法；若聞法者，速知法次法。』

「我初覺無上正盡覺已，作如是念：『我當為誰先說法耶？』我復作是念：『昔五比丘為我執勞，多所饒益。我苦行時，彼五比丘承事於我，我今寧可為五比丘先說法耶？』我復作是念：『昔五比丘今在何處？』我以清淨天眼出過於人，見五比丘在波羅㮈仙人住處鹿野園中。我隨住覺樹下，攝衣持鉢，往波羅㮈加尸都邑。

「爾時異學優陀遙見我來，而語我曰：『賢者瞿曇！諸根清淨，形色極妙，面光照耀。賢者瞿曇！師為是誰？從誰學道？為信誰法？』我於爾時，即為優陀說偈答曰：

我最上最勝，　不著一切法，　諸愛盡解脫，　自覺誰稱師？

無等無有勝，　自覺無上覺，　如來天人師，　普知成就力。

「優陀問我曰：『賢者瞿曇！自稱勝耶？』我復以偈而答彼曰：

勝者如是有，　謂得諸漏盡，　我害諸惡法，　優陀故我勝。

「優陀復問我曰：『賢者瞿曇！欲至何處？』我時以偈而答彼曰：

我至波羅㮈，　擊妙甘露鼓，　轉無上法輪，　世所未曾轉。

「優陀語我曰：『賢者瞿曇！或可有是。』如是語已，即彼邪道*徑便還去。我自往至仙人住處鹿野園中。時五比丘遙見我來，各相約勅而立制曰：『諸賢！當知此沙門瞿曇來，多欲多求，食妙飲食，好粳糧飯，及麨酥蜜，麻油塗體，今復來至。汝等但坐，愼莫起迎，亦莫作禮，豫留一座，莫請令坐。到已語曰：卿欲坐者，自隨所欲。

』我時往至五比丘所。時五比丘於我不堪極妙威德，即從坐起，有持衣鉢者，有敷床者，有取水者，欲洗足者。我作是念：『此愚癡人何無牢固，自立制度還違本要？』我知彼已，坐五比丘所敷之座。

「時五比丘呼我姓字，及卿於我。我語彼曰：『五比丘！我如來、無所著、正盡覺，汝等莫稱我本姓字，亦莫卿我。所以者何？我求無病無上安隱涅槃，得無病無上安隱涅槃；我求無老、無死、無愁憂慼、無穢汚無上安隱涅槃，得無老、無死、無愁憂慼、無穢汚無上安隱涅槃。生知生見，定道品法，生已盡，梵行已立，所作已*辦，不更受有，知如真。』彼語我曰：『卿瞿曇！本如是行，如是道跡，如是苦行，尚不能得人上法差降聖知聖見，況復今日多欲多求，食妙飲食，好粳糧飯，及麨酥蜜，麻油塗體耶？』我復語曰：『五比丘！汝等本時見我如是諸根清淨，光明照耀耶？』時五比丘復答我曰：『本不見卿諸根清淨，光明照耀。卿瞿曇今諸根清淨，形色極妙，面光照耀。』

「我於爾時即告彼曰：『五比丘！當知有二邊行，諸為道者所不當學：一曰著欲，樂下賤業，凡人所行；二曰自煩自苦，非賢聖[①]法，無義相應。五比丘！捨此二邊，有取中道，成明成智，成就於定，而得自在，趣智趣覺，趣於涅槃，謂八正道：正見乃至正定，是謂為八。』意欲隨順教五比丘，教化二人，三人乞食，三人持食來，足六人食。教化三人，二人乞食，二人持食來，足六人食。我如是教，如是化彼，求無病無上安隱涅槃，得無病無上安隱涅槃；求無老、無死、無愁憂慼、無穢污無上安隱涅槃，得無老、無死、無愁憂慼、無穢污無上安隱涅槃。生知生見，定道品法，生已盡，梵行已立，所作已辦，不更受有，知如真。

「於是世尊復告彼曰：『五比丘！有五欲功德可愛、可樂、可意所念，善欲相應。云何為五？眼知色、耳知聲、鼻知香、舌知味、身知觸。五比丘！愚癡凡夫而不多聞，不見善友，不知聖法，不御聖法。彼觸染貪著，憍慠受入，不見災患，不見出要，而取用之。當知彼隨弊魔，自作弊魔，墮弊魔手，為魔網纏，魔罥所*罥，不脫*魔罥☆。五比丘！猶如野鹿，為*罥所*罥，當知彼隨獵師，自作獵師，墮獵師手，為獵師網纏；獵師來已，不能得脫。如是，五比丘！愚癡凡夫而不多聞，不見善友，不知聖法，不御聖法。彼於此五欲功德觸染貪著，憍傲受入，不見災患，不見出要，而取用之。當知彼隨弊魔，自作弊魔，墮弊魔手，為魔網纏，魔*羂所*羂，不脫魔*羂。

「『五比丘！多聞聖弟子見善知識，而知聖法，又御聖法。彼於此五欲功德，不觸、不染、不貪、不著，亦不憍傲，不受入，見災患，見出要，而取用之。當知彼不隨弊魔，不自作魔，不墮魔手，不為魔網所纏，不為魔*羂所*羂，便解脫魔*羂。五比丘！猶如野鹿得脫於*羂，當知彼不隨獵師，不自*作獵師，不墮獵師手，不為獵師網所纏；獵師來已，則能得脫。如是，五比丘！多聞聖弟子見善知識，而知聖法，又御聖法。彼於此五欲功德，不觸、不染、不貪、不著，亦不見憍慠，不受入，見災患，見出要，而取用之。當知彼不隨弊魔，不自*作魔，不墮摩手，不為魔網所纏，不為魔*羂所*羂，便解脫魔*羂。

「『五比丘！若時如來出興于世，無所著、等正覺、明行成為、善逝、世間解、無上士、道法御、天人師、號佛、衆祐，彼斷乃至五蓋、心穢、慧羸，離欲、離惡不善之法，至得第四禪成就遊。彼如是定心清淨，無穢無煩，柔軟善住，得不動心，修學漏盡智通作證。彼知此苦如真，知此苦習、知此苦滅、知此苦滅道如真；知此漏如真，知此漏習、知此漏滅、知此漏滅道如真。彼如是知、如是見，欲漏心解脫，有漏、無明漏心解脫，解脫已便知解脫：生已盡，梵行已立，所作已辦，不更受有，知如真。彼於爾時自在行、自在住、自在坐、自在臥。所以者何？彼自見無量惡不善法盡，是故彼自在行、自在住、自在坐、自在臥。

「『五比丘！猶如無事無人民處，彼有野鹿，自在行、自在住、自在*坐、自在臥。所以者何？彼野鹿不在獵師境界，是故自在行、自在住、自在*坐、自在臥。如是，五比丘！比丘漏盡得無漏心解脫、慧解脫，自知自覺自作證成就遊：生已盡，梵行已立，所作已辦，不更受有，知如真。彼於爾時自在行、自在住、自在坐、自在臥。所以者何？彼自見無量惡不善法盡，是故彼自在行、自在住、自在坐、自在臥。五比丘！是說無餘解脫，是說無病無上安隱涅槃，是說無老、無死、無愁憂慼、無穢汚無上安隱涅槃。』」

佛說如是，尊者阿難及諸比丘聞佛所說，歡喜奉行。

羅摩經第三竟四千一百二十一字

（二〇五）中阿含晡利多品五下分結經第四第五後誦

我聞如是：一時，佛遊舍衛國，在勝林給孤獨園。

爾時世尊告諸比丘：「我曾說五下分結，汝等受持耶？」

諸比丘默然不答。

世尊復再三告諸比丘：「我曾說五下分結，汝等受持耶？」

諸比丘亦再三默然不答。

爾時尊者鬘童子在彼衆中，於是尊者鬘童子即從坐起，偏袒著衣，叉手向佛，白曰：「世尊曾說五下分結，我受持之。」

世尊問曰：「鬘童子！我曾說五下分結，汝受持耶？」

尊者鬘童子答曰：「世尊曾說◎欲初下分結，是我受持。①恚、身見、戒取、疑，世尊說第五下分結，是我受持。」

世尊訶曰：「鬘童子！汝云何受持我說五下分結？鬘童子！汝從何口受持我說五下分結耶？鬘童子！非為衆多異學來，以嬰孩童子責數喻詰責汝耶？鬘童子！嬰孩幼小，柔軟仰眠，意無欲想，況復欲心纏住耶？然彼性使，故說欲使。鬘童子！嬰孩幼小，柔軟仰眠，無衆生想，況復恚心纏住耶？然彼性使，故說恚使。鬘童子！嬰孩幼小，柔軟仰眠，無自身想，況復身見心纏住耶？然彼性使，故說身見使。鬘童子！嬰孩幼小，柔軟仰眠，無有戒想，況復戒取心纏住耶？然彼性使，故說戒取使。鬘童子！嬰孩幼小，柔軟仰眠，無有法想，況復疑心纏住耶？然彼性使，故說疑使。鬘童子！非為衆多異學來，以此嬰孩童子責數喻詰責汝耶？」

於是尊者鬘童子為世尊面訶責已，內懷憂慼，低頭默然，失辯無言，如有所伺。

彼時世尊面前訶責鬘童子已，默然而住。爾時尊者阿難立世尊後，執扇扇佛。於是尊者阿難叉手向佛，白曰：「世尊！今正是時。善逝！今正是時。若世尊為諸比丘說五下分結者，諸比丘從世尊聞已，善受善持。」

世尊告曰：「阿難！諦聽！善思念之。」

尊者阿難白曰：「唯然，當受教聽。」

佛言：「阿難！或有一為欲所纏，欲心生已，不知捨如真；彼不知捨如真已，欲轉熾盛，不可制除，是下分結。阿難！或有一為恚所纏，恚心生已，不知捨如真；彼不知捨如真已，恚轉熾盛，不可制除，是下分結。阿難！或有一為身見所纏，身見心生已，不知捨如真；彼不知捨如真已，身見轉盛，不可制除，是下分結。阿難！或有一為戒取所纏，戒取心生已，不知捨如真；彼不知捨如真已，戒取轉盛，不可制除，是下分結。阿難！或有一為疑所纏，疑心生已，不知捨如真；彼不知捨如真已，疑轉熾盛，不可制除，是下分結。

「阿難！若依道、依跡，斷五下分結；彼不依此道、不依此跡，斷五下分結者，終無是處。阿難！猶如有人欲得求實，為求實故，持斧入林。彼人見樹成就根、莖、枝、葉及實，彼人不截根、莖，得實歸者，終無是處。如是，阿難！若依道、依跡，斷五下分結；不依此道、不依此跡，斷五下分結者，終無是處。阿難！若依道、依跡，斷五下分結；彼依此道、依此跡，斷五下分結者，必有是處。阿難！猶如有人欲得求實，為求實故，持斧入林。彼人見樹成就根、莖、枝、葉及實，彼人截根、莖，得實歸者，必有是處。如是，阿難！若依道、依跡，斷五下分結；依此道、依此跡，斷五下分結者，必有是處。

「阿難！依何道、依何跡斷五下分結？阿難！或有一不為欲所纏，若生欲纏，即知捨如真；彼知捨如真已，彼欲纏便滅。阿難！或有一不為恚所纏，若生恚纏，即知捨如真；彼知捨如真已，彼恚纏便滅。阿難！或有一不為身見所纏，若生身見纏，即知捨如真；彼知捨如真已，彼身見纏便滅。阿難！或有一不為戒取所纏，若生戒取纏，即知捨如真。彼知捨如真已，彼戒取便滅。阿難！或有一不為疑所纏，若生疑纏，即知捨如真；彼知捨如真已，彼疑纏便滅。阿難！依此道、依此跡斷五下分結。

「阿難！猶恒伽河，其水溢岸。若有人來彼岸，有事欲得度河。

彼作是念：『此恒伽河，其水溢岸；我於彼岸有事欲度，身無有力令我安隱浮至彼岸。』阿難！當知彼人無力。如是，阿難！若有人覺滅、涅槃，其心不向而不清淨，不住解脫，阿難！當知此人如彼羸人無有力也。阿難！猶恒伽河，其水溢岸。若有人來彼岸、有事欲得度河。彼作是念：『此恒伽河，其水溢岸；我於彼岸有事欲度，身今有力今我安隱浮至彼岸。』阿難！當知彼人有力。如是，阿難！若有人覺滅、涅槃，心向清淨，而住解脫，阿難！當知此人如彼◎有力人。

「阿難！猶如山水，甚深極廣，長流駛疾，多有所漂，其中無船，亦無橋梁。或有人來彼岸，有事則便求度；彼求度時而作是念：『今此山水甚深極廣，長流駛疾，多有所漂，其中無船，亦無橋梁而可度者。我於彼岸，有事欲度，當以何方便令我安隱至彼岸耶？』復作是念：『我今寧可於此岸邊收聚草木，縛作*簰栰，乘之而度。』彼便岸邊收聚草木，縛作*簰栰，乘之而度，安隱至彼。如是，阿難！若有比丘攀緣厭離，依於厭離，住於厭離，止息身惡故，心入離、定故，離欲、離惡不善之法，有覺、有觀，離生喜樂，得初禪成就遊。彼依此處，觀覺興衰；彼依此處，觀覺興衰已，住彼必得漏盡。設住彼不得漏盡者，必當昇進得止息處。

「云何昇進得止息處？彼覺、觀已息，內*靜一心，無覺、無觀，定生喜樂，得第二禪成就遊。彼依此處，觀覺興衰；彼依此處，觀覺興衰已，住彼必得漏盡。設住彼不得漏盡者，必當昇進得止息處。

云何昇進得止息處？彼離於喜欲，捨無求遊，正念正智而身覺樂，謂聖所說、聖所捨、念、樂住、*空，得第三禪成就遊。彼依此處，觀覺興衰；彼依此處，觀覺興衰已，住彼必得漏盡。設住彼不得漏盡者，必當昇進得止息處。云何昇進得止息處？彼樂滅、苦滅、喜憂本已滅，不苦不樂，捨、念清淨，得第四禪成就遊。彼依此處，觀覺興衰；彼依此處，觀覺興衰已，住彼必得漏盡。設住彼不得漏盡者，必當昇進得止息處。

「云何昇進得止息處？彼度一切色想，滅有礙想，不念若干想，無量空，是無量⊙空處成就遊。彼依此處，觀覺興衰；彼依此處，觀覺興衰已，住彼必得漏盡。設住彼不得漏盡者，必當昇進得止息處。

云何昇進得止息處？彼度一切無量空處，無量識，是無量識處成就遊。彼依此處，觀覺興衰；彼依此處，觀覺興衰已，住彼必得漏盡。設住彼不得漏盡者，必當昇進得止息處。云何昇進得止息處？彼度一切無量識處，無所有，⊙是無所有處成就遊。彼若有所覺，或樂或苦，或不苦不樂。彼觀此覺無常，觀興衰、觀無欲、觀滅、觀斷、觀捨。彼如是觀此覺無常，觀興衰、觀無欲、觀滅、觀斷、觀捨已，便不受此世。不受此世已，便不恐怖。因不恐怖，便般涅槃：生已盡，梵行已立，所作已辦，不更受有，知如真。

「猶去村不遠，有大芭蕉。若人持斧破芭蕉樹，破作片，破為十分，或作百分。破為十分，或作百分已，便擗葉葉，不見彼節，況復實耶？阿難！如是比丘若有所覺，或樂或苦，或不苦不樂。彼觀此覺無常，觀興衰、觀無欲、觀滅、觀斷、觀捨。彼如是觀此覺無常，觀興衰、觀無欲、觀滅、觀斷、觀捨已，便不受此世。不受此世已，便不恐怖。因不恐怖已，便般涅槃：生已盡，梵行已立，所作已辦，不更受有，知如真。」

於是尊者阿難叉手向佛，白曰：「世尊！甚奇！甚特！世尊為諸比丘依依立依，說捨離漏，說過度漏；然諸比丘不速得無上，調畢究竟盡。」

世尊告曰：「如是，阿難！如是，阿難！甚奇！甚特！我為諸比丘依依立依，說捨離漏，說過度漏；然諸比丘不速得無上，調畢究竟盡。所以者何？人有勝如故，修道便有精麤；修道有精麤故，人便有勝如。阿難！是故我說人有勝如。」

佛說如是，尊者阿難及諸比丘聞佛所說，歡喜奉行。

五下分結經第四竟二千三百十六字

(二〇六)中阿含晡利多品心穢經第五⊙第五後誦☆

我聞如是：一時，佛遊舍衛國，在勝林給孤獨園。

爾時世尊告諸比丘：「若比丘、比丘尼不拔心中五穢，不解心中五縛者，是為比丘、比丘尼說必退法。

「云何不拔心中五穢？或有一疑世尊，猶豫、不開意、不解意、意不*靜。若有一疑世尊，猶豫、不開意、不解意、意不*靜者，是謂不拔第一心穢，謂於世尊也。如是法、戒、教，若有諸梵行，世尊所稱譽，彼便責數、輕易、觸嬈、侵害，不開意、不解意、意不*靜，是謂第五不拔心中穢，謂於梵行也。

「云何不解心中五縛？或有一身不離染、不離欲、不離愛、不離渴。若有身不離染、不離欲、不離愛、不離渴者，彼心不趣向，不*靜、不住、不解，自方便斷燕坐。若有此心不趣向，不*靜、不住、不解，自方便斷燕坐者，是謂第一不解心縛，謂身也。

「復次，於欲不離染、不離欲、不離愛、不離渴。若有於欲不離染、不離欲、不離愛、不離渴者，彼心不趣向，不*靜、不住、不解，自方便斷燕坐。若有此心不趣向，不*靜、不住、不解，自方便斷燕坐者，是謂第二不解心縛，謂欲也。

「復次，有一所說聖義相應，柔軟無疑蓋，謂說戒、說定、說慧、說解脫、說解脫知見、說損、說不聚會、說少欲、說知足、說斷、說無欲、說滅、說燕坐、說緣起。如是比丘，沙門所說者，彼心不趣向，不*靜、不住、不解，自方便斷燕坐。若有此心不趣向，不*靜、不住、不解，自方便斷燕坐者，是謂第三不解心縛，謂說也。

「復次，數道俗共會，調亂、憍傲、不學問。若有數道俗共會，調亂、憍傲、不學問者，彼心不趣向，不*靜、不住、不解，自方便斷燕坐。若此心不趣向，不*靜、不住、不解，自方便斷燕坐者，是謂第四不解心縛，謂聚會也。

「復次，少有所得故，於其中間住，不復求昇進。若有少所得故，於其中間住，不復求昇進者，彼心不趣向，不*靜、不住、不解，自方便斷燕坐。若此心不趣向，不*靜、不住、不解，自方便斷燕坐者，是謂第五不解心縛，謂昇進也。

「若有比丘、比丘尼不拔此心中五穢，及不解此心中五縛者，是謂比丘、比丘尼必退法也。若有比丘、比丘尼善拔心中五穢，善解心中五縛者，是謂比丘、比丘尼清淨法。

「云何善拔心中五穢？或有一不疑世尊，不猶豫、開意、意解、意*靜。若有不疑世尊，不猶豫、開意、意解、意*靜者，是謂第一善拔心中穢，謂於世尊也。如是法、戒、教，若有梵行，世尊所稱譽，彼不責數，不輕易，不觸嬈，不侵害，開意、意解、意*靜，是謂第五善拔心中穢，謂於梵行也。

「云何解心中五縛？或有一身離染、離欲、離愛、離渴。若有身離染、離欲、離愛、離渴者，彼心趣向，*靜、住、解，自方便斷燕坐。若有此心趣向，*靜、住、解，自方便斷燕坐者，是謂第一解心中縛，謂身也。

「復次，於欲離染、離欲、離愛、離渴。若有於欲離染、離欲、離愛、離渴者，彼心趣向，*靜、住、解，自方便斷燕坐。若有此心趣向，*靜、住、解，自方便斷燕坐者，是謂第二解心中縛，謂欲也。

「復次，有一所說，聖義相應，柔軟無疑蓋，謂說戒、說定、說慧、說解脫、說解脫知見、說損、說不聚會、說少欲、說知足、說斷、說無欲、說滅說、燕坐、說緣起。如是比丘，沙門所說者，彼心趣向，*靜、住、解，自方便斷燕坐。若有此心趣向，*靜、住、解，自方便斷燕坐者，是謂第三解心中縛，謂說也。

「復次，不數道俗共會，不調亂、不憍慠、學問。若有不數道俗共會，不調亂、不憍慠、學問者，彼心趣向，*靜、住、解，自方便斷燕坐。若有此心趣向，*靜、住、解，自方便斷燕坐者，是謂第四解心中縛，謂不聚會也。

「復次，少有所得故，於其中間不住，復求昇進。若有少所得故，於其中間不住，復求昇進者，彼心趣向，*靜、住、解、自方便斷燕坐。若此心趣向，*靜、住、解，自方便斷燕坐者，是謂第五解心中縛，謂昇進也。

「若有比丘、比丘尼善拔此心中五穢，及善解此心中五縛者，是謂比丘、比丘尼清淨法。彼住此十支已，復修習五法。

「云何為五？修欲定心成就斷如意足，依離、依無欲、依滅、依捨，趣向非品。修精進定、心定、思惟定成就斷如意足，依離、依無欲、依滅、依捨，趣向非品，堪任第五。彼成就此堪任第十五法，成就自受者，必知必見，必正盡覺，至甘露門，近住涅槃，我說無不至涅槃。猶如雞生十卵，或十二，隨時覆蓋，隨時溫暖，隨時看視。雞設有放逸者，彼中或雞子以柴以足，啄破其卵，自安隱出者，彼為第一。如是比丘成就此堪任等十五法自受者，必知必見，必正盡覺，必至甘露門，近住涅槃，我說無不得涅槃。」

佛說如是，彼諸比丘聞佛所說，歡喜奉行。

心穢經第五竟一千三百九十九字

中阿含經卷第五十六七千八百四十六字　**第五後誦**

中阿含經卷第五十七

東晉罽賓三藏瞿曇僧伽提婆譯

（二〇七）晡利多品箭毛經第六第五後誦

我聞如是：一時，佛遊王舍城，在竹林*迦蘭哆園，與大比丘眾俱，千二百五十人而受夏坐。

爾時世尊過夜平旦，著衣持鉢，入王舍城而行乞食。行乞食已，收舉衣鉢，澡洗手足，以尼師檀著於肩上，往至孔雀林異學園中。

爾時孔雀林異學園中有一異學，名曰箭毛，名德宗主，衆人所師，有大名譽，衆所敬重，領大徒衆，五百異學之所尊也。彼在大衆喧鬧嬈亂，放高大音聲，說種種畜生之論，謂論王、論賊、論鬪、論食、論衣服、論婦人、論童女、論婬女、論世間、論空野、論海中、論國人民。彼共集坐論如是比畜生之論。

異學箭毛遙見佛來，勅己衆曰：「汝等默然住，彼沙門瞿曇來。彼衆默然，常樂默然，稱說默然；彼若見此衆默然者，或來相見。」

異學箭毛令衆默然已，自默然住。

世尊往詣異學箭毛所。異學箭毛即從坐起，偏袒著衣，叉手向佛，白曰：「善來，沙門瞿曇！沙門瞿曇久不來此，願坐此坐。」

世尊便坐異學箭毛所敷之座，異學箭毛則與世尊共相問訊，却坐一面。世尊問曰：「優陀夷！向論何等？以何事故共集坐此？」

異學箭毛答曰：「瞿曇！且置此論，此論非妙。沙門瞿曇欲聞此論，後聞不難。」

世尊如是再三問曰：「優陀夷！向論何等？以何事故共集坐此？」

異學箭毛亦再三答曰：「瞿曇！且置此論，此論非妙。沙門瞿曇欲聞此論，後聞不難。沙門瞿曇若至再三，其欲聞者，今當說之。瞿曇！我等與拘薩羅國衆多梵志，悉共集坐拘薩羅學堂，說如是論：鴦伽、摩竭陀國人有大善利，鴦伽、摩竭陀國人得大善利，如此大福田衆在王舍城共受夏坐，謂不蘭迦葉。所以者何？瞿曇！不蘭迦葉，名德宗主，衆人所師，有大名譽，衆所敬重，領大徒衆，五百異學之所尊也，於此王舍城共受夏坐。如是，摩息迦利瞿舍利子、娑若鞞羅遲子、尼揵親子、*波復迦栴、阿夷哆雞舍劍婆利。瞿曇！阿夷哆雞舍劍婆利，名德宗主，衆人所師，有大名譽，衆所敬重，領大徒衆，五百異學之所尊也，於此王舍城共受夏坐。向者亦論沙門瞿曇：此沙門瞿曇，名德宗主，衆人所師，有大名譽，衆所敬重，領大比丘衆，千二百五十人之所尊也，亦在此王舍城共受夏坐。

「瞿曇！我等復作是念：『今此諸尊沙門、梵志，誰為弟子所恭敬、尊重、供養、◎奉事耶？非為弟子法罵所罵，亦無弟子難師：此一向不可，不相應，不等說已，便捨而去？』

「瞿曇！我等復作是念：『此不蘭迦葉不為弟子所恭敬、尊重、供養、奉事，為弟子法罵所罵，眾多弟子難師：此不可，此不相應，此不等說已，便捨而去。』瞿曇！昔時不蘭迦葉數在弟子眾舉手大喚：『汝等可住，無有人來問汝等事，人問我事，汝等不能斷此事，我能斷此事。』而弟子於其中間更論餘事，不待師說事訖。瞿曇！我等復作是念：『如是此不蘭迦葉不為弟子所恭敬、尊重、供養、奉事，為弟子法罵所罵，眾多弟子難師：此不可，此不相應，此不等說已，便捨而去。』

「如是摩息加利瞿舍利子、娑若鞞羅遲子、尼揵親子、*波復迦旃、阿夷哆雞舍劍婆利。瞿曇！我等作如是念：『此阿夷哆雞舍劍婆利，不為弟子所恭敬、尊重、供養、奉事，為弟子法罵所罵，衆多弟子難師：此不可，此不相應，此不等說已，便捨而去。』瞿曇！昔時阿夷哆雞舍劍婆利，數在弟子衆舉手大喚：『汝等可住，無有人來問汝等事，人問我事，汝等不能斷此事，我能斷此事。』而弟子於其中間更論餘事，不待師說事訖。瞿曇！我等復作是念：『如是此阿夷哆雞舍劍婆利，不為弟子所恭敬、尊重、供養、奉事，為弟子法罵所罵，衆多弟子難師：此不可，此不相應，此不等說已，便捨而去。』

「瞿曇！我等復作是念：『此沙門瞿曇為弟子所恭敬、尊重、供養、奉事，不為弟子法罵所罵，亦無弟子難師：此不可，此不相應，此不等說已，便捨而去。』瞿曇！昔時沙門瞿曇數在大衆，無量百千眾圍遶說法，於其中有一人鼾眠作聲，又有一人語彼人曰：『莫鼾眠作聲！汝不欲聞世尊說微妙法如甘露耶？』彼人即便默然無聲。瞿曇！我等復作是念：『如是此沙門瞿曇為弟子所恭敬、尊重、供養、奉事，不為弟子法罵所罵，亦無弟子難師：此不可，此不相應，此不等說已，便捨而去。』」

世尊聞已，問異學箭毛曰：「優陀夷！汝見我有幾法，令諸弟子恭敬、尊重、供養、奉事我，常隨不離耶？」

異學箭毛答曰：「瞿曇！我見瞿曇有五法，令諸弟子恭敬、尊重、供養、奉事，常隨不離。云何為五？沙門瞿曇麤衣知足，稱說麤衣知足。若沙門瞿曇麤衣知足，稱說麤衣知足者，是謂我見沙門瞿曇有第一法，令諸弟子恭敬、尊重、供養，奉事，常隨不離。復次，沙門瞿曇麤食知足，稱說麤食知足，稱說麤食知足者，是謂我見沙門瞿曇有第二法，令諸弟子恭敬、尊重、供養、奉事，常隨不離。復次，沙門瞿曇少食，稱說少食。若沙門瞿曇少食，稱說少食者，是謂我見沙門瞿曇有第三法，令諸弟子恭敬、尊重、供養、奉事，常隨不離。復次，沙門瞿曇麤住止床座知足，稱說麤住止床座知足。若沙門瞿曇麤住止床座知足，稱說麤住止床座知足者，是謂我見沙門瞿曇有第四法，令諸弟子恭敬、尊重、供養、奉事，常隨不離。復次，沙門瞿曇燕坐，稱說燕坐。若沙門瞿曇燕坐，稱說燕坐者，是謂我見沙門瞿曇有第五法，令諸弟子恭敬、尊重、供養、奉事，常隨不離。是謂我見沙門瞿曇有五法，令諸弟子恭敬、尊重、供養、奉事，常隨不離。」

世尊告曰：「優陀夷！我不以此五法，令諸弟子恭敬、尊重、供養、奉事我，常隨不離。

「優陀夷！我所持衣，隨聖*刀割截，染汙惡色，如是聖衣染汙惡色。優陀夷！或我弟子謂盡形壽衣所棄捨糞掃之衣，亦作是說：『我世尊麤衣知足，稱說麤衣知足。』優陀夷！若我弟子因麤衣知足故，稱說我者，彼因此處故，不恭敬、尊重、供養、奉事我，亦不相隨。

「復次，優陀夷！我食粳糧成熟，無𪍿無量雜味。優陀夷！或我弟子盡其形壽而行乞食所棄捨食，亦作是說：『我世尊麤食知足，稱說麤食知足。』優陀夷！若我弟子因麤食知足故，稱說我者，彼因此處故，不恭敬、尊重、供養、奉事我，亦不相隨。

「復次，優陀夷！我食如一鞞羅食，或如半鞞羅。優陀夷！或我弟子食如一拘*施，或如半拘*施，亦作是說：『我世尊少食，稱說少食。』優陀夷！若我弟子因少食故，稱說我者，彼因此處故，不恭敬、尊重、供養、奉事我，亦不相隨。

「復次，優陀夷！我或住高樓，或住棚閣。優陀夷！或我弟子彼過九月、十月，一夜於覆處宿，亦作是說：『我世尊麤住止床座知足，稱說麁住止床座知足。』優陀夷！若我弟子因麤住止床座知足故，稱說我者，彼因此處故，不恭敬、尊重、供養、奉事我，亦不相隨。

「復次，優陀夷！我常作鬧比丘、比丘尼、優婆塞、優婆夷。或我弟子過半月一入衆，為法清淨故，亦作是說：『我世尊燕坐，稱說燕坐。』優陀夷！若我弟子因燕坐故，稱說我者，彼因此處故，不恭敬、尊重、供養、奉事我，亦不相隨。優陀夷！我無此五法，令諸弟子恭敬、尊重、供養、奉事我，常隨不離。

「優陀夷！我更有五法，令諸弟子恭敬、尊重、供養、奉事我，常隨不離。云何為五？優陀夷！我有弟子，謂無上戒稱說我：『世尊行戒大戒，如所說所作亦然，如所作所說亦然。』優陀夷！若我弟子因無上戒稱說我者，彼因此處，恭敬、尊重、供養、奉事我，常隨不離。

「復次，優陀夷！我有弟子，謂無上智慧稱說我：『世尊行智慧、極大智慧，若有談論來相對者，必能伏之，謂於正法律不可說，於自所說不可得說。』優陀夷！若我弟子因無上智慧故，稱說我者，彼因此處，恭敬、尊重、供養、奉事我，常隨不離。

「復次，優陀夷！我有弟子，謂無上知見稱說我：『世尊*遍知非不知，*遍見非不見，彼為弟子說法，有因非無因，有緣非無緣，可答非不可答，有離非無離。』優陀夷！若我弟子因無上知見故，稱說我者，彼因此處，恭敬、尊重、供養、奉事我，常隨不離。

「復次，優陀夷！我有弟子，謂厭愛箭而來問我：『苦是苦，習是習，滅是滅，道是道？』我即答彼：『苦是苦，習是習，滅是滅，道是道。』優陀夷！若我弟子而來問我，我答可意令歡喜者，彼因此處，恭敬、尊重、供養、奉事我，常隨不離。

「復次，優陀夷！我為弟子或說宿命智通作證明達，或說漏盡智通作證明達。優陀夷！若我弟子於此正法律中得受得度，得至彼岸，無疑無惑，於善法中無有猶豫者，彼因此處，恭敬、尊重、供養、奉事我，常隨不離。優陀夷！是謂我更有五法，令諸弟子恭敬、尊重、供養、奉事我，常隨不離。」

於是異學箭毛即從坐起，偏袒著衣，叉手向佛，白曰：「瞿曇！甚奇！甚特！善說妙事，潤澤我體，猶如甘露。瞿曇！猶如大雨，此地高下，普得潤澤。如是沙門瞿曇為我等善說妙事，潤澤我體，猶如甘露。世尊！我已解。善逝！我已知。世尊！我今自歸於佛、法及比丘衆，唯願世尊受我為優婆塞！從今日始，終身自歸，乃至命盡。」

佛說如是，異學箭毛聞佛所說，歡喜奉行。

箭毛經第六竟二千八百七字

（二〇八）中阿含晡利多品箭毛經第七

我聞如是：一時，佛遊王舍城，在竹林*迦蘭哆園。

爾時世尊過夜平旦，著衣持鉢，入王舍城而行乞食。行乞食已，收舉衣鉢，澡洗手足，以尼師檀著於肩上，往至孔雀林異學園中。

爾時孔雀林異學園中有一異學，名曰箭毛，名德宗主，衆人所師，有大名譽，衆所敬重，領大徒衆，五百異學之所尊也。彼在大衆喧鬧嬈亂，放高大音聲，說種種畜生之論，謂論王、論賊、論鬥、論食、論衣服、論婦人、論童女、論婬女、論世間、論空野、論海中、論國人民。彼共集坐說如是比畜生之論。

異學箭毛遙見佛來，勑己衆曰：「汝等默然住，彼沙門瞿曇來。彼衆默然，常樂默然，稱說默然；彼若見此衆默然者，或來相見。」

異學箭毛命衆默然已，自默然住。

世尊往詣異學箭毛所，異學箭毛即從坐起，偏袒著衣，叉手向佛，白曰：「善來，沙門瞿曇！沙日瞿曇久不來此，願坐此坐。」

世尊便坐異學箭毛所敷之座，異學箭毛便與世尊共相問訊，却坐一面。世尊問曰：「優陀夷！向論何等？以何事故共集坐此？」

異學箭毛答曰：「瞿曇！且置此論，此論非妙。沙門瞿曇欲聞此論，後聞不難。」

世尊如是再三問曰：「優陀夷！向論何等？以何事故共集坐此？」

異學箭毛亦再三答曰：「瞿曇！且置此論，此論非妙。沙門瞿曇欲聞此論，後聞不難。沙門瞿曇若至再三，其欲聞者，今當說之。瞿曇！我有策慮，有思惟，住策慮地，住思惟地，有智慧，有辯才。有說實有薩云然，一切知，一切見，無餘知，無餘見；我往問事，然彼不知。瞿曇！我作是念：此是何等耶？」

世尊問曰：「優陀夷！汝有策慮，有思惟，*住策慮地，住思惟地，有智慧，有辯才。誰說實有薩云然，一切知，一切見，無餘知，無餘見；汝往問事，而彼不知耶？」

異學箭毛答曰：「瞿曇！謂不蘭迦葉是。所以者何？瞿曇！不蘭迦葉自說實有薩云然，一切知，一切見，無餘知，無餘見也。我有策慮，有思惟，住策慮地，住思惟地，有智慧，有辯才。我往問事，然彼不知。瞿曇！是故我作是念：此是何等耶？如是摩息迦利瞿舍利子、娑若鞞羅遲子、尼揵親子、*波復迦旃、阿夷哆雞舍劍婆利。瞿曇！阿夷哆雞舍劍婆利自說實有薩云然，一切知，一切見，無餘知，無餘見也。我有策慮，有思惟，住策慮地，住思惟地，有智慧，有辯才。我往問事，然彼不知。瞿曇！是故我作是念：此是何等耶？瞿曇！

我復作是念：『若我當往詣沙門瞿曇所，問過去事者，沙門瞿曇必能答我過去事也。我當往詣沙門瞿曇所，問未來事者，沙門瞿曇必能答我未來事也。復次，若我隨所問沙門瞿曇事者，沙門瞿曇必亦答我隨所問事。』」

世尊告曰：「優陀夷！止！止！汝長夜異見、異忍、異樂、異欲、異意故，不得盡知我所說義。優陀夷！我有弟子有因有緣，憶無量過去本昔所生，謂一生、二生、百生、千生，成劫、敗劫、無量成敗劫；衆生名某，我曾生彼，如是姓、如是字、如是生、如是飲食、如是受苦樂、如是長壽、如是久住、如是壽訖；此死生彼，彼死生此，我生在此，如是姓、如是字、如是生、如是飲食、如是受苦樂、如是長壽、如是久住、如是壽訖。彼來問我過去事，我答彼過去事；我亦往問彼過去事，彼亦答我過去事；我隨所問彼事，彼亦答我隨所問事。

「復次，優陀夷！我有弟子，謂清淨天眼出過於人，見此眾生死時生時、好色惡色、妙與不妙、往來善處及不善處，隨此眾生之所作業，見其如真。若此眾生成就身惡行，成就口、意惡行，誣謗聖人，邪見成就邪見業；彼因緣此，身壞命終必至惡處，生地獄中。若此眾生成就身妙行，成就口、意妙行，不誣謗聖人，正見成就正見業；彼因緣此，身壞命終必昇善處，得生天中。彼來問我未來事，我答彼未來事；我亦往問彼未來事，彼亦答我未來事；我隨所問彼事，彼亦答我隨所問事。」

異學箭毛白曰：「瞿曇！若如是者，我轉不知，我轉不見，轉癡墮癡，謂沙門瞿曇如是說：『優陀夷！止！止！汝長夜異見、異忍、異樂、異欲、異意故，不得盡知我所說義。優陀夷！我有弟子有因有緣，憶無量過去本昔所生，謂一生、二生、百生、千生，成劫、敗劫、無量成敗劫；眾生名某，我曾生彼，如是姓、如是字、如是生、如是飲食、如是受苦樂，如是長壽、如是久住、如是壽訖；此死生彼，彼死生此，我生在此，如是姓、如是字、如是生、如是飲食、如是受苦樂、如是長壽、如是久住、如是壽訖。彼來問我過去事，我答彼過去事；我亦往問彼過去事，彼亦答我過去事；我隨所問彼事，彼亦答我隨所問事。

「『復次，優陀夷！我有弟子，謂清淨天眼出過於人，見此眾生死時生時、好色惡色、妙與不妙、往來善處及不善處，隨此眾生之所作業，見其如真。若此眾生成就身惡行，成就口、意惡行，誣謗聖人，邪見成就邪見業；彼因緣此，身壞命終必至惡處，生地獄中。若此眾生成就身妙行，成就口、意妙行，不誣謗聖人，正見成就正見業；彼因緣此，身壞命終必昇善處，得生天中。彼來問我未來事，我答彼未來事；我亦往問彼未來事，彼亦答我未來事；我隨所問彼事，彼亦答我隨所問事。』

「瞿曇！我於此生作本所作、得本所得，尚不能憶，況復能憶有因有緣無量本昔所生事耶？瞿曇！我尚不能見飄風鬼，況復清淨天眼出過於人，見此衆生死時生時、善色惡色、妙與不妙、趣至善處及不善處，隨此衆生之所作業，見其如真耶？瞿曇！我作是念：若沙門瞿曇問我從師學法者，儻能答彼，令可意也。」

世尊問曰：「優陀夷！汝從師學，其法云何？」

異學箭毛答曰：「瞿曇！彼說色過於色，彼色最勝，彼色最上。」

世尊問曰：「優陀夷！何等色耶？」

異學箭毛答曰：「瞿曇！若色更無有色最上、最妙，為最勝也；彼色最勝，彼色最上。」

世尊告曰：「優陀夷！猶如有人作如是說：『若此國中有女最妙，我欲得彼。』彼若有人如是問者：『君知國中有女最妙，如是姓、如是名、如是生耶？為長短麤細？為白、黑？為不白不黑？為剎利女？為梵志、居士、工師女？為東方、南方、西方、北方耶？』彼人答曰：『我不知也。』復問彼人：『君不知、不見國中有女最妙，如是姓、如是名、如是生，長短麤細，白、黑，不白不黑，剎利女，梵志、居士、工師女，東方、南方、西方、北方者，而作是說：我欲得彼女耶？』如是，優陀夷！汝作是說：『彼說色過於色，彼色最勝，彼色最上。』問[①]汝彼色，然不知也。」

異學箭毛白曰：「瞿曇！猶如紫磨、極妙金精，金師善磨，瑩治令淨，藉以白練，安著日中，其色極妙，光明照耀。如是，瞿曇！我說彼色過於色，彼色最勝，彼色最上。」

世尊告曰：「優陀夷！我今問汝，隨所解答。優陀夷！於意云何？謂紫磨金精，藉以白練，安著日中，其色極妙，光明照耀，及螢火蟲在夜闇中光明照耀，於中光明，何者最上、為最勝耶？」

異學箭毛答曰：「瞿曇！螢火光明於紫磨金精光明，最上、為最勝也。」

世尊問曰：「優陀夷！於意云何？謂螢火蟲在夜闇中光明照耀，及燃油燈在夜闇中光明照耀，於中光明，何者最上、為最勝耶？」

異學箭毛答曰：「瞿曇！燃燈光明於螢火蟲光明，最上、為最勝也。」

世尊問曰：「優陀夷！於意云何？謂燃油燈在夜闇中光明照耀，

及燃大木積火在夜闇中光明照耀，於中光明，何者最上、為最勝耶？」

異學箭毛答曰：「瞿曇！燃大木積火之光明於燃油燈光明，最上、為最勝也。」

世尊問曰：「優陀夷！於意云何？謂燃大木積火在夜闇中光明照耀，及太白星平旦無曀光明照耀，於中光明，何者最上、為最勝耶？」

異學箭毛答曰：「瞿曇！太白星光於燃大木積火光，最上、為最勝也。」

世尊問曰：「優陀夷！於意云何？謂太白星平旦無曀光明照耀，及月殿光夜半無曀光明照耀，於中光明，何者最上、為最勝耶？」

異學箭毛答曰：「瞿曇！月殿光明於太白星光，最上、為最勝也。」

世尊問曰：「優陀夷！於意云何？謂月殿光夜半無曀光明照曜，及日殿光秋時向中天淨無曀光明照耀，於中光明，何者最上、為最勝耶？」

異學箭毛答曰：「瞿曇！日殿光明於月殿光，最上、為最勝也。」

世尊告曰：「優陀夷！多有諸天，今此日月雖有大如意足，有大威德，有大福祐，有大威神，然其光明故不及諸天光明也。我昔曾與諸天共集、共彼論事，我之所說，可彼天意，然我不作是說：『彼色過於色，彼色最勝、彼色最上。』優陀夷！而汝於螢火蟲光色最弊最醜，說彼色過於色，彼色最勝，彼色最上，問已不知。」

異學箭毛白曰：「世尊！悔過此說！善逝！悔過此說！」

世尊問曰：「優陀夷！汝何意如是說：世尊！悔過此說，善逝！悔過此說耶？」

異學箭毛答曰：「瞿曇！我作是說：『彼色過於色，彼色最勝，彼色最上。』沙門瞿曇今善檢我，善教善訶，令我虛妄無所有也。瞿曇！是故我如是說：『世尊！悔過此說！善逝！悔過此說！』」

異學箭毛語曰：「瞿曇！後世一向樂，有一道跡一向作世證。」

世尊問曰：「優陀夷！云何後世一向樂？云何有一道跡一向作世證耶？」

異學箭毛答曰：「瞿曇！或有一離殺斷殺，不與取、邪婬、妄言，乃至離邪見、得正見。瞿曇！是謂後世一向樂，是謂有一道跡一向作世證。」

世尊告曰：「優陀夷！我今問汝，隨所解答。優陀夷！於意云何？若有一離殺斷殺，彼為一向樂，為雜苦耶？」

異學箭毛答曰：「瞿曇？是雜苦也。」

「若有一離不與取、邪婬、妄言，乃至離邪見、得正見，彼為一向樂，為雜苦耶？」

異學箭毛答曰：「瞿曇！是雜苦也。」

世尊問曰：「優陀夷！非為如是雜苦樂道跡作世證耶？」

異學箭毛答曰：「瞿曇！如是雜苦樂道跡作世證也。」

異學箭毛白曰：「世尊！悔過此說！善逝！悔過此說！」

世尊問曰：「優陀夷！汝何意故作如是說：世尊！悔過此說，善逝！悔過此說耶？」

異學箭毛答曰：「瞿曇！我向者說：『後世一向樂，有一道跡一向作世證。』沙門瞿曇今善檢我，善教善訶，令我虛妄無所有也。瞿曇！是故我如是說：『世尊！悔過此說！善逝！悔過此說！』」

世尊告曰：「優陀夷！世有一向樂，有一道跡一向作世證也。」

異學箭毛問曰：「瞿曇！云何世一向樂？云何一道跡一向作世證耶？」

世尊答曰：「優陀夷！若時如來出世，無所著、等正覺、明行成為、善逝、世間解、無上士、道法御、天人師、號佛、眾祐，彼斷乃至五蓋、心穢、慧羸，離欲、離惡不善之法，有覺、有觀，離生喜樂，得初禪成就遊，不共彼天戒等、心等、見等也。彼覺、觀已息，內*靜一心，無覺、無觀，定生喜樂，得第二禪成就遊，不共彼天戒等、心等、見等也。彼離於喜欲，捨無求遊，正念正智而身覺樂，謂聖所說、聖所捨、念、樂住、*空，得第三禪成就遊，不共彼天戒等、心等、見等也。優陀夷！是謂世一向樂。」

異學箭毛問曰：「瞿曇！世中一向樂，唯極是耶？」

世尊答曰：「世中一向樂，不但極是也。優陀夷！更有一道跡一向作世證。」

異學箭毛問曰：「瞿曇！云何更有一道跡一向作世證耶？」

世尊答曰：「優陀夷！比丘離欲、離惡不善之法，有覺、有觀，離生喜樂，得初禪成就遊，得共彼天戒等、心等、見等也。彼覺、觀已息，內*靜一心，無覺、無觀，定生喜樂，得第二禪成就遊，得共彼天戒等、心等、見等也。彼離於喜欲，捨無求遊，正念正智而身覺樂，謂聖所說、聖所捨、念、樂住、*空，得第三禪成就遊，得共彼天戒等、心等、見等也。優陀夷！是謂一道跡一向作世證。」

異學箭毛問曰：「瞿曇！沙門瞿曇弟子為此世一向樂故，一道跡一向作世證故，從沙門瞿曇學梵行耶？」

世尊答曰：「優陀夷！我弟子不為世一向樂故，亦不為一道跡一向作世證故，從我學梵行也。優陀夷！更有最上、最妙、最勝，為作證故，我弟子從我學梵行也。」

於是彼大衆放高大音聲：「彼是最上、最妙、最勝，為作證故，沙門瞿曇弟子從沙門瞿曇學梵行也。」

於是異學箭毛勑己衆，令默然已，白曰：「瞿曇！云何最上、最妙、最勝，為作證故，沙門瞿曇弟子從沙門瞿曇學梵行耶？」

世尊答曰：「優陀夷！比丘者樂滅、苦滅，喜憂本已滅，不苦不樂，捨、念清淨，得第四禪成就遊。優陀夷！是謂最上、最妙、最勝，為作證故，我弟子從我學梵行也。」

於是異學箭毛即從坐起，欲稽首佛足。於是異學箭毛諸弟子異學梵行者白異學箭毛曰：「尊今應作師時，欲為沙門瞿曇作弟子耶？尊不應作師時，為沙門瞿曇作弟子也。」

是為異學箭毛諸弟子學梵行者為異學箭毛而作障礙，謂從世尊學梵行也。

佛說如是，異學箭毛聞佛所說，歡喜奉行。

箭毛經第七竟三千八百三十字

(二〇九)中阿含晡利多品鞞摩那修經第八第五後誦

我聞如是：一時，佛遊舍衞國，在勝林給孤獨園。

爾時異學鞞摩那修中後仿佯，往詣佛所，相問訊已，問曰：「瞿曇！最色。最最色，瞿曇！最色。」

世尊問曰：「迦旃！何等色*耶？」

異學鞞摩那修答曰：「瞿曇！若色更無有色最上、最妙、最勝。瞿曇！彼色最勝，彼色最上。」

世尊告曰：「迦旃！猶如有人作如是說：『若此國中有女最妙，我欲得彼。』彼若有人如是問者：『君知國中有女最妙，如是姓、如是名、如是生耶？為長短麤細？為白、黑？為不白不黑？為剎利女？為梵志、居士、工師女？為東方、南方、西方、北方耶？』彼人答曰：『我不知也。』復問彼人：『君不知、不見國中有女最妙，如是姓、如是名、如是生，長短麤細，白、黑，不白不黑，剎利女，梵志、居士、工師女，東方、南方、西方、北方者，而作是說：我欲得彼女耶？』如是，迦旃！汝作是說：『彼妙色最妙色，彼色最勝，彼色最上。』問汝彼色，然不知也。」

異學鞞摩那修白曰：「瞿曇！猶如紫磨、極妙金精，金師善磨，瑩治令淨，藉以白練，安著日中，其色極妙，光明照耀。如是，瞿曇！我說彼妙色最妙色，彼色最勝，彼色最上。」

世尊告曰：「迦旃！我今問汝，隨所解答。迦旃！於意云何？謂紫磨金精，藉以白練，安著日中，其色極妙，光明照耀，及螢火蟲在夜闇中光明照耀，於中光明，何者最上、為最勝耶？」

異學鞞摩那修答曰：「瞿曇！螢火光明於紫磨金精光明，最上、為最勝也。」

世尊問曰：「迦旃！於意云何？謂螢火蟲在夜闇中光明照耀，及燃油燈在夜闇中光明照耀，於中光明，何者最上、為最勝耶？」

異學鞞摩那修答曰：「瞿曇！燃燈光明於螢火蟲光明，最上為最勝也。」

世尊問曰：「迦旃！於意云何？謂燃油燈在夜闇中光明照耀，及燃大木積火在夜闇中光明照耀，於中光明，何者最上、為最勝耶？」

異學鞞摩那修答曰：「瞿曇！燃大木積火之光明於燃油燈光明，最上、為最勝也。」

世尊問曰：「迦旃！於意云何？謂燃大木積火在夜闇中光明照耀，及太白星平旦無曀光明照耀，於中光明，何者最上、為最勝耶？」

異學鞞摩那修答曰：「瞿曇！太白星光於燃大木積火光，最上、為最勝也。」

世尊問曰：「迦旃！於意云何？謂太白星平旦無曀光明照耀，及月殿光夜半無曀光明照耀，於中光明，何者最上、為最勝耶？」

異學鞞摩那修答曰：「瞿曇！月殿光明於太白星光，最上、為最勝也。」

世尊問曰：「迦旃！於意云何？謂月殿光夜半無曀光明照曜，及日殿光秋時向中天淨無曀光明照耀，於中光明，何者最上、為最勝耶？」

異學鞞摩那修答曰：「瞿曇！日殿光明於月殿光，最上、為最勝也。」

世尊告曰：「迦旃！多有諸天，今此日月雖有大如意足，有大威德，有大福祐，有大威神，然其光明故不及諸天光明也。我昔曾與諸天共集、共彼論事，我之所說，可彼天意，然我不作是說：『彼妙色最妙色，彼色最勝，彼色最上。』迦旃！而汝於螢火蟲光色最弊最醜，說彼妙色最妙色，彼色最勝，彼色最上，問已不知。」

於是異學鞞摩那修為世尊面訶責已，內懷憂慼，低頭默然，失辯無言，如有所伺。

於是世尊面訶責已，復令歡悅，告曰：「迦旃！有五欲功德，可喜、意*念、愛☆欲相應樂：眼知色、耳知聲、鼻知香、舌知味、身知觸。迦旃！色或有愛者，或不愛者。若有一人，彼於此色，可意、稱意、樂意、足意、滿願意，彼於餘色雖最上、最勝，而不欲、不思、不願、不求，彼於此色最勝、最上。迦旃！如是聲、香、味、觸。迦旃！觸或有愛者，或不愛者。若有一人，彼於此觸，可意、稱意、樂意、足意、滿願意，彼於餘觸雖最上、最勝，而不欲、不思、不願、不求，彼於此觸最勝、最上。」

於是異學鞞摩那修叉手向佛，白曰：「瞿曇！甚奇！甚特！沙門瞿曇為我無量方便說欲樂，欲樂第一。瞿曇！猶如因草火燃木火，因木火燃草火。如是沙門瞿曇為我無量方便說欲樂，欲樂第一。」

世尊告曰：「止！止！迦旃！汝長夜異見、異忍、異樂、異欲、異意故，不得盡知我所說義。迦旃！謂我弟子初夜、後夜常不眠臥，正定正意修習道品：生已盡，梵行已立，所作已辦，不更受有，知如真。彼盡知我所說。」

於是異學鞞摩那修向佛瞋恚，生憎嫉、不可，欲誣謗世尊，欲墮世尊。如是誣謗世尊，如是墮世尊，語曰：「瞿曇！有沙門、梵志不知世前際，不知世後際，不知無窮生死，而記說得究竟智：生已盡，梵行已立，所作已辦，不更受有，知如真。瞿曇！我如是念：云何此沙門、梵志不知世前際，亦不知世後際，不知無窮生死，而記說得究竟智：生已盡，梵行已立，所作已辦，不更受有，知如真耶？」

於是世尊便作是念：「此異學鞞摩那修向我瞋恚，生憎嫉、不可，欲誣謗我，欲墮於我。如是誣謗我，如是墮我，而語我曰：『瞿曇！有一沙門、梵志不知世前際，不知世後際，不知無窮生死，而記說得究竟智：生已盡，梵行已立，所作已辦，不更受有，知如真。瞿曇！我作是念：云何此沙門、梵志不知世前際，不知世後際，不知無窮生死，而記說得究竟智：生已盡，梵行已立，所作已辦，不更受有，知如真耶？』」

世尊知已，告曰：「迦旃！若有沙門、梵志不知世前際，不知世後際，不知無窮生死，而記說得究竟智：生已盡，梵行已立，所作已辦，不更受有，知如真者，彼應如是說：『置世前際，置世後際。』迦旃！我如是說：『置世前際，置世後際。』設不憶一生，我弟子比丘來，不諛諂、無欺誑、質直，我教化之。若隨我教化，如是行者，必得知正法。迦旃！猶如嬰孩童子，少年柔軟，仰向臥，父母縛彼手足；彼於後轉大，諸根成就，父母解彼手足。彼唯憶解縛時，不憶縛時也。如是，迦旃！我如是說：『置世前際，置世後際。』設令不憶一生，我弟子比丘來，不諛諂、不欺誑、質直，我教化之。若隨我教化，如是行者，必得知正法。

「迦旃！譬若因油因炷而燃燈也，無人益油，亦不易炷者，前油已盡，後不更益，無所受已，自速滅也。如是，迦旃！我如是說：『置世前際，置世後際。』設令不憶一生，我弟子比丘來，不諛諂、不欺誑、質直，我教化之。若隨我教化，如是行者，必得知正法。迦旃！猶如十木聚，二十、三十、四十、五十、六十木聚，以火燒之，*熌然俱熾，遂見火焰，後無有人更益草、木、糠、糞掃者，前薪已盡，後不更益，無所受已，自速滅也。如是，迦旃！我如是說：『置世前際，置世後際。』設令不憶一生，我弟子比丘來，不諛諂、不欺誑、質直，我教化之。若隨我教化，如是行者，必得知正法。」

說此法時，異學鞞摩那修遠塵離垢，諸法法眼生。於是異學鞞摩那修見法得法，覺白淨法，更無餘尊，不復由他，斷疑度惑，無有猶豫，已住果證，於世尊法得無所畏，稽首佛足，白曰：「世尊！願得從佛出家學道，受具足，得比丘行梵行。」

世尊告曰：「善哉！比丘行梵行也。」

異學從佛得出家學道，即受具足，得比丘行梵行。尊者鞞摩那修出家學道，受具足已，知法見法，乃至得阿羅訶。

佛說如是，尊者鞞摩那修及諸比丘聞佛所說，歡喜奉行。

鞞摩那修經第八竟二千一百四十七字

中阿含經卷第五十七八千七百八十四字　**第五後誦**

中阿含經卷第五十八

東晉罽賓三藏瞿曇僧伽提婆譯

（二一〇）晡利多品法樂比丘尼經第九第五後誦

我聞如是：一時，佛遊舍衛國，在勝林給孤獨園。

爾時毗舍佉優婆夷往詣法樂比丘尼所，稽首禮足，却坐一面，白法樂比丘尼曰：「賢聖！欲有所問，聽我問耶？」

法樂比丘尼答曰：「毗舍佉！欲問便問，我聞已當思。」

毗舍佉優婆夷便問曰：「賢聖！自身說自身，云何為自身耶？」

法樂比丘尼答曰：「世尊說五盛陰，自身色盛陰，覺、想、行、識盛陰，是謂世尊說五盛陰。」

毗舍佉優婆夷聞已，歎曰：「善哉！善哉！賢聖！」

毗舍佉優婆夷歎已，歡喜奉行。

復問曰：「賢聖！云何為自身見耶？」

法樂比丘尼答曰：「不多聞愚癡凡夫不見善知識，不知聖法，不御聖法。彼見色是神，見神有色，見神中有色，見色中有神也；見覺、想、行、識是神，見神有識，見神中有識，見識中有神也。是謂自身見也。」

毗舍佉優婆夷聞已，歎曰：「善哉！善哉！賢聖！」

毗舍佉優婆夷歎已，歡喜奉行。

復問曰：「賢聖！云何無身見耶？」

法樂比丘尼答曰：「多聞聖弟子見善知識，知聖法，善御聖法。彼不見色是神，不見神有色，不見神中有色，不見色中有神；也不見覺、想、行、識是神，不見神有識，不見神中有識，不見識中有神也。是謂無身見也。」

毗舍佉優婆夷聞已，歎曰：「善哉！善哉！賢聖！」

毗舍佉優婆夷歎已，歡喜奉行。

復問曰：「賢聖！云何滅自身耶？」法樂比丘尼答曰：「色盛陰

斷無餘，捨、吐、盡、不染、滅、息、沒也；覺、想、行、識盛陰斷無餘，捨、吐、盡、不染、滅、息、沒也。是謂自身滅。」

毗舍佉優婆夷聞已，歎曰：「善哉！善哉！賢聖！」

毗舍佉優婆夷歎已，歡喜奉行。

復問曰：「賢聖！陰說陰盛，陰說盛陰；陰即是盛陰，盛陰即是陰耶？為陰異、盛陰異耶？」

法樂比丘尼答曰：「或陰即是盛陰，或陰非盛陰。云何陰即是盛陰？若色有漏有受，覺、想、行、識有漏有受，是謂陰即是盛陰。云何陰非盛陰？色無漏無受，覺、想、行、識無漏無受，是謂陰非盛陰。」

毗舍佉優婆夷聞已，歎曰：「善哉！善哉！賢聖！」

毗舍佉優婆夷歎已，歡喜奉行。

復問曰：「賢聖！云何八支聖道耶？」

法樂比丘尼答曰：「八支聖道者，正見乃至正定，是謂為八，是謂八支聖道。」

毗舍佉優婆夷聞已，歎曰：「善哉！善哉！賢聖！」

毗舍佉優婆夷歎已，歡喜奉行。

復問曰：「賢聖！八支聖道有為耶？」

法樂比丘尼答曰：「如是八支聖道有為也。」

毗舍佉優婆夷聞已，歎曰：「善哉！善哉！賢聖！」

毗舍佉優婆夷歎已，歡喜奉行。

復問曰：「賢聖！有幾聚耶？」

法樂比丘尼答曰：「有三聚：戒聚、定聚、慧聚。」

毗舍佉優婆夷聞已，歎曰：「善哉！善哉！賢聖！」

毗舍佉優婆夷歎已，歡喜奉行。

復問曰：「賢聖！八支聖道攝三聚？為三聚攝八支聖道耶？」

法樂比丘尼答曰：「非八支聖道攝三聚，三聚攝八支聖道。正語、正業、正命，此三道支聖戒聚所攝。正念、正定，此二道支聖定聚所攝。正見、正志、正方便，此三道支聖慧聚所攝。是謂非八支聖道攝三聚，三聚攝八支聖道。」

毗舍佉優婆夷聞已，歎曰：「善哉！善哉！賢聖！」

毗舍佉優婆夷歎已，歡喜奉行。

復問曰：「賢聖！滅有對耶？」

法樂比丘尼答曰：「滅無對也。」

毗舍佉優婆夷聞已，歎曰：「善哉！善哉！賢聖！」

毗舍佉優婆夷歎已，歡喜奉行。

復問曰：「賢聖！初禪有幾支耶？」

法樂比丘尼答曰：「初禪有五支：覺、觀、喜、樂、一心。是謂初禪有五支。」

毗舍佉優婆夷聞已，歎曰：「善哉！善哉！賢聖！」

毗舍佉優婆夷歎已，歡喜奉行。

復問曰：「賢聖！云何斷？云何定相？云何定力？云何定功？云何修定耶？」

法樂比丘尼答曰：「若善心得一者，是謂定也。四念處，是謂定相也。四正斷，是謂定力也。四如意足，是謂定功也。若習此諸善法，①數數專修精勤者，是謂*修定☆也。」

毗舍佉優婆夷聞已，歎曰：「善哉！善哉！賢聖！」

毗舍佉優婆夷歎已，歡喜奉行。

復問曰：「賢聖！有幾法，生身死已，身棄塚間，如木無情？」

法樂比丘尼答曰：「有三法，生身死已，身棄塚間，如木無情。云何為三？一者、壽，二者、暖，三者、識。是謂三法，生身死已，身棄塚間，如木無情。」

毗舍佉優婆夷聞已，歎曰：「善哉！善哉！賢聖！」

毗舍佉優婆夷歎已，歡喜奉行。

復問曰：「賢聖！若死及入滅盡定者，有何差別？」

法樂比丘尼答曰：「死者，壽命滅訖，溫暖已去，諸根敗壞。比丘入滅盡定者，壽不滅訖，暖亦不去，諸根不敗壞。若死及入滅盡定者，是謂差別。」

毗舍佉優婆夷聞已，歎曰：「善哉！善哉！賢聖！」

毗舍佉優婆夷歎已，歡喜奉行。

復問曰：「賢聖！若入滅盡定及入無想定者，有何差別？」

法樂比丘尼答曰：「比丘入滅盡定者，想及知滅；入無想定者，想知不滅。若入滅盡定及入無想定者，是謂差別。」

毗舍佉優婆夷聞已，歎曰：「善哉！善哉！賢聖！」

毗舍佉優婆夷歎已，歡喜奉行。

復問曰：「賢聖！若從滅盡定起及從無想定起者，有何差別？」

法樂比丘尼答曰：「比丘從滅盡定起時，不作是念：我從滅盡定起。比丘從無想定起時，作如是念：我為有想？我為無想？若從滅盡定起及從無想定起者，是謂差別。」

毗舍佉優婆夷聞已，歎曰：「善哉！善哉！賢聖！」

毗舍佉優婆夷歎已，歡喜奉行。

復問曰：「賢聖！比丘入滅盡定時，作如是念：我入滅盡定耶？」

法樂比丘尼答曰：「比丘入滅盡定時，不作是念：我入滅盡定。然本如是修習心，以是故如是趣向。」

毗舍佉優婆夷聞已，歎曰：「善哉！善哉！賢聖！」

毗舍佉優婆夷歎已，歡喜奉行。

復問曰：「賢聖！比丘從滅盡定起，作如是念：我從滅盡定起耶？」

法樂比丘尼答曰：「比丘從滅盡定起時，不作是念：我從滅盡定起。然因此身及六處緣命根，是故從定起。」

毗舍佉優婆夷聞已，歎曰：「善哉！善哉！賢聖！」

毗舍佉優婆夷歎已，歡喜奉行。

復問曰：「賢聖！比丘從滅盡定起已，心何所樂？何所趣？何所順耶？」

法樂比丘尼答曰：「比丘從滅盡定起已，心樂離、趣離、順離。」

毗舍佉優婆夷聞已，歎曰：「善哉！善哉！賢聖！」

毗舍佉優婆夷歎已，歡喜奉行。

復問曰：「賢聖！有幾覺耶？」

法樂比丘尼答曰：「有三覺：樂覺、苦覺、不苦不樂覺。此何緣有耶？緣更樂有。」

毗舍佉優婆夷聞已，歎曰：「善哉！善哉！賢聖！」

毗舍佉優婆夷歎已，歡喜奉行。

復問曰：「賢聖！云何樂覺？云何苦覺？云何不苦不樂覺耶？」

法樂比丘尼答曰：「若樂更樂所觸生，身心樂善覺，是覺謂樂覺也。若苦更樂所觸生，身心苦不善覺，是覺謂苦覺也。若不苦不樂更樂所觸生，身心不苦不樂，非善非不善覺，是覺謂不苦不樂覺。」

毗舍佉優婆夷聞已，歎曰：「善哉！善哉！賢聖！」

毗舍佉優婆夷歎已，歡喜奉行。

復問曰：「賢聖！樂覺者，云何樂？云何苦？云何無常？云何災患？云何使耶？苦覺者，云何樂？云何苦？云何無常？云何災患？云何使耶？不苦不樂覺者，云何樂？云何苦？云何無常？云何災患？云何使耶？」

法樂比丘尼答曰：「樂覺者，生樂住樂，變易苦，無常者即是災患，欲使也。苦覺者，生苦住苦，變易樂，無常者即是災患，恚使也。不苦不樂覺者，不知苦、不知樂，無常者即是變易，無明使也。」

毗舍佉優婆夷聞已，歎曰：「善哉！善哉！賢聖！」

毗舍佉優婆夷歎已，歡喜奉行。

復問曰：「賢聖！一切樂覺欲使耶？一切苦覺恚使耶？一切不苦不樂覺無明使耶？」

法樂比丘尼答曰：「非一切樂覺欲使也，非一切苦覺恚使也，非一切不苦不樂覺無明使也。云何樂覺非欲使耶？若比丘離欲、離惡不善之法，有覺、有觀，離生喜樂，得初禪成就遊，是謂樂覺非欲使也。所以者何？此斷欲故。云何苦覺非恚使耶？若求上解脫樂，求願悒悒生憂苦，是謂苦覺非恚使也。所以者何？此斷恚故。云何不苦不樂覺非無明使耶？樂滅、苦滅，喜憂本已滅，不苦不樂，捨、念清淨，得第四禪成就遊，是謂不苦不樂覺非無明使也。所以者何？此斷無明故。」

毗舍佉優婆夷聞已，歎曰：「善哉！善哉！賢聖！」

毗舍佉優婆夷歎已，歡喜奉行。

復問曰：「賢聖！樂覺者，有何對耶？」

法樂比丘尼答曰：「樂覺者，以苦覺為對。」

毗舍佉優婆夷聞已，歎曰：「善哉！善哉！賢聖！」

毗舍佉優婆夷歎已，歡喜奉行。
復問曰：「賢聖！苦覺者，有何對耶？」
法樂比丘尼答曰：「苦覺者，以樂覺為對。」
毗舍佉優婆夷聞已，歎曰：「善哉！善哉！賢聖！」
毗舍佉優婆夷歎已，歡喜奉行。
復問曰：「賢聖！樂覺苦覺者，有何對耶？」
法樂比丘尼答曰：「樂覺苦覺者，以不苦不樂為對。」
毗舍佉優婆夷聞已歎曰：「善哉！善哉！賢聖！」
毗舍佉優婆夷歎已，歡喜奉行。
復問曰：「賢聖！不苦不樂覺者，有何對耶？」

法樂比丘尼答曰：「不苦不樂覺者，以無明為對。」

毗舍佉優婆夷聞已，歎曰：「善哉！善哉！賢聖！」

毗舍佉優婆夷歎已，歡喜奉行。

復問曰：「賢聖！無明者，有何對耶？」

法樂比丘尼答曰：「無明者，以明為對。」

毗舍佉優婆夷聞已，歎曰：「善哉！善哉！賢聖！」

毗舍佉優婆夷歎已，歡喜奉行。

復問曰：「賢聖！明者，有何對耶？」

法樂比丘尼答曰：「明者，以涅槃為對。」

毗舍佉優婆夷聞已，歎曰：「善哉！善哉！賢聖！」

毗舍佉優婆夷歎已，歡喜奉行。

復問曰：「*賢聖☆！涅槃者，有何對耶？」

法樂比丘尼告曰：「君欲問無窮事，然君問事不能得窮我邊也。涅槃者，無對也。涅槃者，以無羂、過羂、羂滅訖，以此義故，從世尊行梵行。」

於是毗舍佉優婆夷聞法樂比丘尼所說，善受善持，善誦習已，即從坐起，稽首禮法樂比丘尼足，繞三匝而去。

於是法樂比丘尼見毗舍佉優婆夷去後不久，往詣佛所，稽首佛足，却坐一面。與毗舍佉優婆夷所共論者，盡向佛說，叉手向佛，白曰：「世尊！我如是說，如是答，非為誣謗世尊耶？說真實，說如法，說法次法耶？於如法中非有相違，有諍、有咎耶？」

世尊答曰：「比丘尼！汝如是說、如是答，不誣謗我。汝說真實，說如法，說法次法，於如法中而不相違，無諍。無咎也。比丘尼！若毗舍佉優婆夷以此句、以此文來問我者，我為毗舍佉優婆夷亦以此義、以此句、以此文而答彼也。比丘尼！此義如汝所說，汝當如是持。所以者何？此說即是義故。」

佛說如是，法樂比丘尼及諸比丘聞佛所說，歡喜奉行。

法樂比丘尼經第九竟三千四十九字

(二一一)中阿含晡利多品大拘絺羅經第十第五後誦

我聞如是：一時，佛遊王舍城，在竹林迦蘭哆園。

爾時尊者舍黎子則於晡時從燕坐起，往詣尊者大拘絺羅所，共相問訊，却坐一面。

尊者舍黎子語曰：「賢者拘絺羅！欲有所問，聽我問耶？」

尊者大拘絺羅白曰：「尊者舍黎子！欲問便問，我聞已當思。」

尊者舍黎子問曰：「賢者拘絺羅！不善者說不善，不善根者說不善根。何者不善？何者不善根耶？」

尊者大拘絺羅答曰：「身惡行，口、意惡行，是不善也。貪、恚、癡，是不善根也。是謂不善，是謂不善根。」

尊者舍黎子聞已，歎曰：「善哉！善哉！賢者拘絺羅！」

尊者舍黎子歎已，歡喜奉行。

復問曰：「賢者拘絺羅！善者說善，善根者說善根。何者為善？何者為善根耶？」

尊者大拘絺羅答曰：「身妙行，口、意妙行，是善也。不貪、不恚、不癡，是善根也。是謂為善，是謂善根。」

尊者舍黎子聞已，歎曰：「善哉！善哉！賢者拘絺羅！」

尊者舍黎子歎已，歡喜奉行。

復問曰：「賢者拘絺羅！智慧者說智慧，何者智慧？」

尊者大拘絺羅答曰：「知如是，故說智慧。知何等耶？知此苦如真，知此苦習、知此苦滅、知此苦滅道如真。知如是，故說智慧。」

尊者舍黎子聞已，歎曰：「善哉！善哉！賢者拘絺羅！」尊者舍黎子歎已，歡喜奉行。

復問曰：「賢者拘絺羅！識者說識，何者識耶？」

尊者大拘絺羅答曰：「識識是，故說識。識何等耶？識色，識聲、香、味、觸、法。識識是，故說識。」

尊者舍黎子聞已，歎曰：「善哉！善哉！賢者拘絺羅！」

尊者舍黎子歎已，歡喜奉行。

復問曰：「賢者拘絺羅！智慧及識，此二法為合？為別？此二法可得別施設耶？」

尊者大拘絺羅答曰：「此二法合不別，此二法不可別施設。所以者何？智慧所知，即是識所識，是故此二法合不別，此二法不可別施設。」

尊者舍黎子聞已，歎曰：「善哉！善哉！賢者拘絺羅！」

尊者舍黎子歎已，歡喜奉行。

復問曰：「賢者拘絺羅！知者，汝以何等知？」

尊者大拘絺羅答曰：「知者，我以智慧知。」

尊者舍黎子聞已，歎曰：「善哉！善哉！賢者拘絺羅！」

尊者舍黎子歎已，歡喜奉行。

復問曰：「賢者拘絺羅！智慧有何義？有何勝？有何功德？」

尊者大拘絺羅答曰：「智慧者有厭義、無欲義、見如真義。」

尊者舍黎子聞已，歎曰：「善哉！善哉！賢者拘絺羅！」

尊者舍黎子歎已，歡喜奉行。

復問曰：「賢者拘絺羅！云何正見？」

尊者大拘絺羅答曰：「知苦如真，知[1]習、滅、道如真者，是謂正見。」

尊者舍黎子聞已，歎曰：「善哉！善哉！賢者拘絺羅！」

尊者舍黎子歎已，歡喜奉行。

復問曰：「賢者拘絺羅！幾因幾緣生正見耶？」

尊者大拘絺羅答曰：「二因二緣而生正見。云何為二？一者、從他聞，二者、內自思惟。是謂二因二緣而生正見。」

尊者舍黎子聞已，歎曰：「善哉！善哉！賢者拘絺羅！」

尊者舍黎子歎已，歡喜奉行。

復問曰：「賢者拘絺羅！有幾支攝正見，得心解脫果、慧解脫果？得心解脫功德、慧解脫功德耶？」

尊者大拘絺羅答曰：「有五支攝正見，得心解脫果、慧解脫果，得心解脫功德、慧解脫功德。云何為五？一者、真諦所攝，二者、戒所攝，三者、博聞所攝，四者、止所攝，五者、觀所攝。是謂有五支攝正見，得心解脫果、慧解脫果，得心解脫功德、慧解脫功德。」

尊者舍黎子聞已，歎曰：「善哉！善哉！賢者拘絺羅！」

尊者舍黎子歎已，歡喜奉行。

復問曰：「賢者拘絺羅！云何生當來有？」

尊者大拘絺羅答曰：「愚癡凡夫無知、不多聞，無明所覆，愛結所繫，不見善知識，不知聖法，不御聖法，是謂生當來有。」

尊者舍黎子聞已，歎曰：「善哉！善哉！賢者拘絺羅！」

尊者舍黎子歎已，歡喜奉行。

復問曰：「賢者拘絺羅！云何不生當來有？」

尊者大拘絺羅答曰：「若無明已盡，明已生者，必盡苦也，是謂不生於當來有。」

尊者舍黎子聞已歎曰：「善哉！善哉！賢者拘絺羅！」

尊者舍黎子歎已，歡喜奉行。

復問曰：「賢者拘絺羅！有幾覺耶？」

尊者大拘絺羅答曰：「有三覺：樂覺、苦覺、不苦不樂覺。此緣何有耶？緣更樂有。」

尊者舍黎子聞已，歎曰：「善哉！善哉！賢者拘絺羅！」

尊者舍黎子歎已，歡喜奉行。

復問曰：「賢者拘絺羅！覺、想、思，此三法為合？為別？此三法可別施設耶？」

尊者大拘絺羅答曰：「覺、想、思，此三法合不別，此三法不可別施設。所以者何？覺所覺者，即是想所想、思所思，是故此三法合不別，此三法不可別施設。」

尊者舍黎子聞已，歎曰：「善哉！善哉！賢者拘絺羅！」

尊者舍黎子歎已，歡喜奉行。

復問曰：「賢者拘絺羅！滅者，有何對？」

尊者大拘絺羅答曰：「滅者，無有對。」

尊者舍黎子聞已，歎曰：「善哉！善哉！賢者拘絺羅！」

尊者舍黎子歎已，歡喜奉行。

復問曰：「賢者拘絺羅！有五根異行、異境界，各各受自境界。眼根，耳、鼻、舌、身根，此五根異行、異境界，各各受自境界，誰為彼盡受境界？誰為彼依耶？」

尊者大拘絺羅答曰：「五根異行、異境界，各各自受境界。眼根，耳、鼻、舌、身根，此五根異行、異境界，各各受自境界，意為彼盡受境界，意為彼依。」

尊者舍黎子聞已，歎曰：「善哉！善哉！賢者拘絺羅！」

尊者舍黎子歎已，歡喜奉行。

復問曰：「賢者拘絺羅！意者，依何住耶？」

尊者大拘絺羅答曰：「意者，依壽、依壽住。」

尊者舍黎子聞已，歎曰：「善哉！善哉！賢者拘絺羅！」

尊者舍黎子歎已，歡喜奉行。

復問曰：「賢者拘絺羅！壽者，依何住耶？」

尊者大拘絺羅答曰：「壽者，依暖、依暖住。」

尊者舍黎子聞已，歎曰：「善哉！善哉！賢者拘絺羅！」

尊者舍黎子歎已，歡喜奉行。

復問曰：「賢者拘絺羅！壽及暖，此二法為合？為別？此二法可得別施設耶？」

尊者大拘絺羅答曰：「壽及暖，此二法合不別，此二法不可別施設。所以者何？因壽故有暖，因暖故有壽。若無壽者則無暖，無暖者則無壽。猶如因油因炷，故得燃燈；彼中因燄故有光，因光故有燄，若無燄者則無光，無光者則無燄。如是因壽故有暖，因暖故有壽，若無壽者則無暖，無暖者則無壽。是故此二法合不別，此二法不可別施設。」

尊者舍黎子聞已歎曰：「善哉！善哉！賢者拘絺羅！」

尊者舍黎子歎已，歡喜奉行。

復問曰：「賢者拘絺羅！有幾法，生身死已，身棄塚間，如木無情？」

尊者大拘絺羅答曰：「有三法，生身死已，身棄塚間，如木無情。云何為三？一者、壽，二者、暖，三者、識。此三法，生身死已，身棄塚間，如木無情。」

尊者舍黎子聞已歎曰：「善哉！善哉！賢者拘絺羅！」

尊者舍黎子歎已，歡喜奉行。

復問曰：「賢者拘絺羅！若死及入滅盡定者，有何差別？」

尊者大拘絺羅答曰：「死者壽命滅訖，溫暖已去，諸根敗壞。比丘入滅盡定者，壽不滅訖，暖亦不去，諸根不敗壞。死及入滅盡定者，是謂差別。」

尊者舍黎子聞已，歎曰：「善哉！善哉！賢者拘絺羅！」

尊者舍黎子歎已，歡喜奉行。

復問曰：「賢者拘絺羅！若入滅盡定及入無想定者，有何差別？」

尊者大拘絺羅答曰：「比丘入滅盡定者，想及知滅；比丘入無想定者，想知不滅。若入滅盡定及入無想定者，是謂差別。」

尊者舍黎子聞已，歎曰：「善哉！善哉！賢者拘絺羅！」

尊者舍黎子歎已，歡喜奉行。

復問曰：「賢者拘絺羅！若從滅盡定起及從無想定起者，有何差別？」

尊者大拘絺羅答曰：「比丘從滅盡定起時，不如是念：我從滅盡定起。比丘從無想定起時，作如是念：我為有想？我為無想？從滅盡定起及從無想定起者，是謂差別。」

尊者舍黎子聞已，歎曰：「善哉！善哉！賢者拘絺羅！」

尊者舍黎子歎已，歡喜奉行。

復問曰：「賢者拘絺羅！比丘入滅盡定時先滅何法？為身行？為口、意行耶？」

尊者大拘絺羅答曰：「比丘入滅盡定時，先滅身行，次滅口行，後滅意行。」
尊者舍黎子聞已，歎曰：「善哉！善哉！賢者拘絺羅！」
尊者舍黎子歎已，歡喜奉行。
復問曰：「賢者拘絺羅！比丘從滅盡定起時，先生何法？為身行，口、意行耶？」
尊者大拘絺羅答曰：「比丘從滅盡定起時，先生意行，次生口行，後生身行。」
尊者舍黎子聞已，歎曰：「善哉！善哉！賢者拘絺羅！」
尊者舍黎子歎已，歡喜奉行。
復問曰：「賢者拘絺羅！比丘從滅盡定起時觸幾觸？」

尊者大拘絺羅答曰：「比丘從滅盡定起時觸三觸。云何為三？一者、不移動觸，二者、無所有觸，三者、無相觸。比丘從滅盡定起時觸此三觸。」

尊者舍黎子聞已，歎曰：「善哉！善哉！賢者拘絺羅！」

尊者舍黎子歎已，歡喜奉行。

復問曰：「賢者拘絺羅！空、無願、無相，此三法異義、異文耶？為一義、異文耶？」

尊者大拘絺羅答曰：「空、無願、無相，此三法異義、異文。」

尊者舍黎子聞已，歎曰：「善哉！善哉！賢者拘絺羅！」

尊者舍黎子歎已，歡喜奉行。

復問曰：「賢者拘絺羅！有幾因幾緣生不移動定耶？」

尊者大拘絺羅答曰：「有四因四緣生不移動定。云何為四？若比丘離欲、離惡不善之法，至得第四禪成就遊，是謂四因四緣生不移動定。」

尊者舍黎子聞已，歎曰：「善哉！善哉！賢者拘絺羅！」

尊者舍黎子歎已，歡喜奉行。

復問曰：「賢者拘絺羅！有幾因幾緣生無所有定耶？」

尊者大拘絺羅答曰：「有三因三緣生無所有定。云何為三？若比丘度一切色想，至得無所有處成就遊，是謂有三因三緣生無所有定。」

尊者舍黎子聞已，歎曰：「善哉！善哉！賢者拘絺羅！」

尊者舍黎子歎已，歡喜奉行。」

復問曰：「賢者拘絺羅！有幾因幾緣生無想定？」

尊者大拘絺羅答曰：「有二因二緣生無想定。云何為二？一者、不念一切想，二者、念無想界。是謂二因二緣生無想定。」

尊者舍黎子聞已，歎曰：「善哉！善哉！賢者拘絺羅！」

尊者舍黎子歎已，歡喜奉行。

復問曰：「賢者拘絺羅！有幾因幾緣住無想定耶？」

尊者大拘絺羅答曰：「有二因二緣住無想定。云何為二？一者、不念一切想，二者、念無想界。是謂二因二緣住無想定。」

尊者舍黎子聞已，歎曰：「善哉！善哉！賢者拘絺羅！」

尊者舍黎子歎已，歡喜奉行。

復問曰：「賢者拘絺羅！有幾因幾緣從無想定起？」

尊者大拘絺羅答曰：「有三因三緣從無想定起。云何為三？一者、念一切想，二者、不念無想界，三者、因此身、因六處緣命根。是謂三因三緣從無想定起。」

如是彼二尊更相稱歎：善哉！善哉！更互所說，歡喜奉行，從坐起去。

尊者大拘絺羅經第十竟三千七十五字

中阿含經卷第五十八六千一百二十四字

中阿含晡利多品第三竟三萬四百四十五字　**第五後誦**

中阿含經卷第五十九

東晉罽賓三藏瞿曇僧伽提婆譯

例品第四（有十一經） 第五後誦

一切智、法嚴，鞞訶、第一得，
愛生、及八城，阿那律陀二，
諸見、箭*輿喻，比例最在後。

（二一二）中阿含例品一切智經第一

我聞如是：一時，佛遊鬱頭隨若，在普棘刺林。

爾時拘薩羅王波斯匿，聞沙門瞿曇遊鬱頭隨若，在普棘刺林。拘薩羅王波斯匿聞已，告一人曰：「汝往詣沙門瞿曇所，為我問訊：聖體康強，安快無病，起居輕便，氣力如常耶？作如是語：『拘薩羅王波斯匿問訊：聖體康強，安快無病，起居輕便，氣力如常耶？』又復語曰：『拘薩羅王波斯匿欲來相見。』」

彼人受教，往詣佛所，共相問訊，却坐一面，白曰：「瞿曇！拘薩羅王波斯匿問訊：聖體康強，安快無病，起居輕便，氣力如常耶？

拘薩羅王波斯匿欲來相見。」

世尊答曰：「今拘薩羅王波斯匿安隱快樂，今天及人、阿修羅、揵塔和、羅剎及餘若干身安隱快樂。拘薩羅王波斯匿若欲來者，自可隨意。」

彼時使人聞佛所說，善受持誦，即從坐起，繞三匝而去。

爾時尊者阿難住世尊後，執拂侍佛。使人去後，於是世尊迴顧告曰：「阿難！汝來共詣東向大屋，開窓閉戶，住彼密處。今日拘薩羅王波斯匿，一心無亂，欲聽受法。」

尊者阿難白曰：「唯然。」

於是世尊將尊者阿難至彼東向大屋，開窓閉戶，密處布座，敷尼師檀，結跏趺坐。

彼時使人還詣拘薩羅王波斯匿所，白曰：「天王！我已通沙門瞿曇，沙門瞿曇今待天王，唯願天王自當知時。」拘薩羅王波斯匿告御者曰：「汝可嚴駕，我今欲往見沙門瞿曇。」御者受教，即便嚴駕。

爾時賢及月姉妹與拘薩羅王波斯匿共坐食時，聞今日拘薩羅王波斯匿當往見佛，白曰：「大王！若今往見世尊者，願為我等稽首世尊，問訊：聖體康強，安快無病，起居輕便，氣力如常耶？作如是語：『賢及月姉妹，稽首世尊，問訊：聖體康強，安快無病，起居輕便，氣力如常耶？』」

拘薩羅王波斯匿為賢及月姉妹默然而受。

彼時御者嚴駕已訖，白曰：「天王！嚴駕已辦，隨天王意。」

時王聞已，即便乘車，從鬱頭隨若出，往至普棘刺林。

爾時普棘刺林門外衆多比丘露地經行，拘薩羅王波斯匿往詣諸比丘所，問曰：「諸賢！沙門瞿曇今在何處？我欲往見。」

諸比丘答曰：「大王！彼東向大屋開窓閉戶，世尊在中。大王欲見者，可詣彼屋，在外住已，謦欬敲戶；世尊聞者，必為開戶。」

拘薩羅王波斯匿即便下車，眷屬圍繞，步往至彼東向大屋，到已住外，謦欬敲戶；世尊聞已，即為開戶。拘薩羅王波斯匿便入彼屋，前詣佛所，白曰：「瞿曇！賢及月姉妹，稽首世尊，問訊：聖體康強，安快無病，起居輕便，氣力如常耶？」

世尊問王：「賢及月姉妹，更無人使耶？」拘薩羅王波斯匿白曰：「瞿曇！當知今日賢及月姉妹我共坐食，聞我今當欲往見佛，便白曰：『大王！若往見佛者，當為我等稽首世尊，問訊：聖體康強，安快無病，起居輕便，氣力如常耶？』故如是白世尊：『賢及月姉妹，稽首世尊，問訊：聖體康強，安快無病，起居輕便，氣力如常耶？』瞿曇！彼賢及月⊙姉妹☆，稽首世尊，問訊：聖體康強，安快無病，起居輕便，氣力如常耶？」

世尊答曰：「大王！今賢及月姉妹安隱快樂，今天及人阿修羅、揵塔和、羅剎及餘若干身安隱快樂。」

於是拘薩羅王波斯匿與佛共相問訊，却坐一面，白曰：「瞿曇！我欲有所問，聽乃敢陳。」

世尊告曰：「大王欲問者，恣意所問。」

拘薩羅王波斯匿便問曰：「瞿曇！我聞沙門瞿曇作如是說：本無，當不有，今現亦無，若有餘沙門、梵志一切知、一切見者。瞿曇！憶如是說耶？」

世尊答曰：「大王！我不憶作如是說：本無，當不有，今現亦無，若有餘沙門、梵志一切知、一切見者。」

爾時鞞留羅大將住在拘薩羅王波斯匿後，執拂拂王。於是拘薩羅王波斯匿迴顧告鞞留羅大將曰：「前日王共大衆坐，誰最前說：沙門瞿曇作如是說：本無，當不有，今現亦無，若有餘沙門、梵志一切知、一切見者？」

鞞留羅大將答曰：「天王！有想年少吉祥子前作是說。」

拘薩羅王波斯匿聞已，告一人曰：「汝往至想年少吉祥子所，作如是語：『拘薩羅王波斯匿呼汝。』」

彼人受教，即往想年少吉祥子所，作如是語：「年少！拘薩羅王波斯匿呼汝。」

彼人去後，於是拘薩羅王波斯匿白世尊曰：「沙門瞿曇！頗有異說異受，沙門瞿曇憶所說耶？」

世尊答曰：「大王！我憶曾如是說：本無，當不有，今現亦無，若有餘沙門、梵志一時知一切、一時見一切。大王！我憶如是說也。」

拘薩羅王波斯匿聞已，歎曰：「沙門瞿曇所說如師，沙門瞿曇所說如善師。欲更有所問，聽我問耶？」

世尊告曰：「大王欲問，恣意所問。」

拘薩羅王波斯匿問曰：「瞿曇！此有四種：剎利、梵志、居士、工師，為有勝如、有差別耶？」

世尊答曰：「此有四種：剎利、梵志、居士、工師，此有勝如、有差別也。剎利、梵志種，此於人間為最上德。居士、工師種，此於人間為下德也。此有四種：剎利、梵志、居士、工師，是謂勝如，是謂差別。」

拘薩羅王波斯匿聞已，歎曰：「沙門瞿曇所說如師，沙門瞿曇所說如善師。」

拘薩羅王波斯匿白曰：「瞿曇！我不但問於現世義，亦復欲問於後世義，聽我問耶？」

世尊告曰：「大王欲問，恣意所問。」

拘薩羅王波斯匿問曰：「瞿曇！此有四種：剎利、梵志、居士、工師，此有勝如、有差別於後世耶？」

世尊答曰：「此有四種：剎利、梵志、居士、工師，此有勝如、有差別，謂後世也。此有四種：剎利、梵志、居士、工師，若成就此五斷支，必得善師如來、無所著、正盡覺，必得可意，無不可意，亦於長夜得義饒益，安隱快樂。
「云何為五？多聞聖弟子信著如來，根生定立，無能奪者，謂沙門、梵志、天及魔、梵及餘世間，是謂第一斷支。復次，大王！多聞聖弟子少病無病，成就等食道，不熱不冷，正樂不諍，謂食飲消，正安隱消，是謂第二斷支。復次，大王！多聞聖弟子無諂無誑，質直現如真世尊及諸梵行，是謂第三斷支。復次，大王！多聞聖弟子常行精進，斷惡不善，修諸善法，恒自起意，專一堅固，為諸善本，不捨方便，是謂第四斷支。復次，大王！多聞聖弟子修行智慧，觀興衰法，得如此智，聖慧明達，分別曉了，以正盡苦，是謂第五斷支。
「此有四種：剎利、梵志、居士、工師，彼若成就此五斷支，必得善師如來、無所著、正盡覺，必得可意，無不可意，亦於長夜得義饒益，安隱快樂。此有四種：剎利、梵志、居士、工師，是謂勝如，是謂差別，於後世也。」

拘薩羅王波斯匿聞已，歎曰：「沙門瞿曇所說如師，沙門瞿曇所說如善師。欲更有所問，聽我問耶？」

世尊告曰：「大王欲問，恣意所問。」

拘薩羅王波斯匿問曰：「瞿曇！此有四種：剎利、梵志、居士、工師，此有勝如，此有差別，於斷行耶？」

世尊答曰：「此有四種：剎利、梵志、居士、工師，此有勝如，此有差別於斷行也。大王！於意云何？若信者所斷，是不信斷者，終無是處。若少病者所斷，是多病斷者，終無是處。若不諂不誑者所斷，是諂誑斷者，終無是處。若精勤者所斷，是懈怠斷者，終無是處。若智慧者所斷，是惡慧斷者，終無是處。

「猶如四御：象御、馬御、牛御、人御，彼中二御不可調、不可御，二御可調、可御。大王！於意云何？若此二御不可調、不可御，彼來調地、御地受御事者，終無是處。若彼二御可調、可御，來至調地、御地受御事者，必有是處。如是，大王！於意云何？若信者所斷，是不信斷耶？終無是處。若少病者所斷，是多病斷耶？終無是處。若不諂不誑者所斷，是諂誑斷耶？終無是處。若精勤者所斷，是懈怠斷耶？終無是處。若智慧者所斷，是惡慧斷耶？終無是處。如是此四種：剎利、梵志、居士、工師，是謂勝如，是謂差別，於斷行也。」

拘薩羅王波斯匿聞已，歎曰：「沙門瞿曇所說如師，沙門瞿曇所說如善師。欲更有所問，聽我問耶？」

世尊答曰：「大王欲問，恣意所問。」

拘薩羅王波斯匿問曰：「瞿曇！此有四種：剎利、梵志、居士、工師，此有勝如，此有差別，謂斷耶？」

世尊答曰：「此有四種：剎利、梵志、居士、工師，彼等等斷，無有勝如、無有差別於斷也。大王！猶如東方剎利童子來，彼取乾娑羅木作火母，*鑽鑽☆生火。南方梵志童子來，彼取乾娑羅木作火母，*鑽鑽☆生火。西方居士童子來，彼取乾栴檀木作火母，*鑽鑽☆生火。北方工師童子來，彼取乾鉢投摩木作火母，*鑽鑽☆生火。大王！於意云何？謂彼若干種人持若干種木作火母，*鑽鑽☆生火。彼中或有人著燥草木，生烟、生焰、生色。大王！於烟烟、焰焰、色色說何等差別耶？」

拘薩羅王波斯匿答曰：「瞿曇！謂彼若干種人取若干種木作火母，*鑽鑽☆生火，彼中或有人著燥草木，生烟、生焰、生色。瞿曇！我不說烟烟、焰焰、色色有差別也。」

「如是，大王！此有四種：剎利、梵志、居士、工師，彼一切等等斷，無有勝如，無有差別於斷也。」

拘薩羅王波斯匿聞已，歎曰：「沙門瞿曇所說如師，沙門瞿曇所說如善師。欲更有所問，聽我問耶？」

世尊告曰：「大王欲問，恣意所問。」

拘薩羅王波斯匿問曰：「瞿曇！有天耶？」

世尊問曰：「大王！何意問有天耶？」

拘薩羅王波斯匿答曰：「瞿曇！若有天有諍、樂諍者，彼應來此間；若有天無諍、不樂諍者，不應來此間。」

爾時鞞留羅大將住在拘薩羅王波斯匿後，執拂拂王。鞞留羅大將白曰：「瞿曇！若有天無諍、不樂諍者不來此間，且置彼天。若有天◎有諍、樂諍來此間者，沙門瞿曇必說彼天福勝、梵行勝，此天得自在，退彼天、遣彼天也。」

是時尊者阿難在世尊後，執拂侍佛。於是尊者阿難作是念：「此鞞留羅大將是拘薩羅王波斯匿子，我是世尊子，今正是時，子子共論。」於是尊者阿難語鞞留羅大將曰：「我欲問汝，隨所解答。大將！於意云何？拘*薩羅王*波斯匿所有境界，教令所及，拘薩羅王波斯匿福勝、梵行勝故，寧得自在退去、遣去耶？」

鞞留羅大將答曰：「沙門！若拘薩羅王波斯匿所有境界，教令所及，拘薩羅王波斯匿福勝、梵行勝故，得自在退去、遣去也。」

「大將！於意云何？若非拘薩羅王波斯匿境界，教令所不及，拘薩羅王波斯匿福勝、梵行勝故，意得自在退彼、遣彼耶？」

鞞留羅大將答曰：「沙門！若非拘薩羅王波斯匿境界，教令所不及，拘薩羅王波斯匿福勝、梵行勝故，不得自在退彼、遣彼也。」

尊者阿難復問曰：「大將！頗聞有三十三天耶？」

鞞留羅大將答曰：「我拘薩羅王波斯匿遊戲時，聞有三十三天。」

「大將！於意云何？拘薩羅王波斯匿福勝、梵行勝故，寧得自在退彼三十三天、遣彼三十三天耶？」

鞞留羅大將答曰：「沙門！拘薩羅王波斯匿尚不能得見三十三天，況復退遣耶？退遣彼三十三天者，終無是處。」

「如是，大將！若有天無諍、不樂諍不來此間者，此天福勝、梵行勝。若有此天諍、樂諍來此間者，此天於彼天尚不能得見，況復*退遣☆耶？若退遣彼者，終無是處。」

於是拘薩羅王波斯匿問曰：「瞿曇！此沙門名何等耶？」

世尊答曰：「大王！此比丘名阿難，是我侍者。」

拘薩羅王波斯匿聞已，歎曰：「阿難所說如師，阿難所說如善師。欲更有所問，聽我問耶？」

世尊告曰：「大王欲問，恣意所問。」

拘薩羅王波斯匿問曰：「瞿曇！頗有梵耶？」

世尊問曰：「大王！何意問有梵耶？大王！若我施設有梵，彼梵清淨。」

世尊與拘薩羅王波斯匿於其中間論此事時，彼使人將想年少吉祥子來還，詣拘薩羅王波斯匿所，白曰：「天王！想年少吉祥子已來在此。」

拘薩羅王波斯匿聞已，問想年少吉祥子曰：「前日王共大衆會坐，誰最前說：沙門瞿曇如是說：本無，當不有，今現亦無，若有餘沙門、梵志一切知、一切見耶？」

想年少吉祥子答曰：「天王！鞞留羅大將前說也。」

鞞留羅大將聞已，白曰：「天王！此想年少吉祥子前說也。」如是彼二人更互共諍此論。於其中間，彼御者即便嚴駕，至拘薩羅王波斯匿所，白曰：「天王！嚴駕已至，天王當知時。」

拘薩羅王波斯匿聞已，白世尊曰：「我問瞿曇一切知事，沙門瞿曇答我一切知事。我問沙門瞿曇四種清淨，沙門瞿曇答我四種清淨。

我問沙門瞿曇所得，沙門瞿曇答我所得。我問沙門瞿曇有梵，沙門瞿曇答我有梵。若我更問餘事者，沙門瞿曇必答我餘事。瞿曇！我今多事，欲還請辭。」

世尊答曰：「大王！自當知時。」

拘薩羅王波斯匿聞世尊所說，善受持誦，即從座起，繞世尊三匝而去。

佛說如是，拘薩羅王波斯匿、尊者阿難及一切大衆聞佛所說，歡喜奉行。

一切智經第一竟（三千七百七十三字）

（二一三）中阿含例品法莊嚴經第二 第五後誦

我聞如是：一時，佛遊釋中，在釋家都邑，名彌婁離。

爾時拘薩羅王波斯匿與長作共俱有所為故，出詣邑名城。拘薩羅王波斯匿至彼園觀，見諸樹下，寂無音聲，遠離，無惡，無有人民，隨順燕坐；見已，憶念世尊。拘薩羅王波斯匿告曰：「長作！今此樹下，寂無音聲，遠離，無惡，無有人民，隨順燕坐，此處我數往見佛。長作！世尊今在何處？我欲往見。」

長作答曰：「天王！我聞世尊遊釋中，在釋家都邑，名彌婁離。」

拘薩羅王波斯匿復問曰：「長作！釋家都邑，名彌婁離，去此幾許？」長作答曰：「天王！去此三拘婁舍。」

拘薩羅王波斯匿告曰：「長作！可勅嚴駕，我欲詣佛。」

長作受教，即勅嚴駕，白曰：「天王！嚴駕已訖，隨天王意。」

拘薩羅王波斯匿即昇乘出城外，往至釋家都邑，名彌婁離。

爾時彌婁離門外衆多比丘露地經行，拘薩羅王波斯匿往詣諸比丘所，問曰：「諸尊！世尊今在何處晝行？」

衆多比丘答曰：「大王！彼東向大屋開窓閉戶，世尊今在彼中晝行。大王欲見，便往詣彼，到已住外，謦欬敲戶，世尊聞者，必為開戶。」

拘薩羅王波斯匿即便下車。若有王剎利頂來而得人處，教令大地，有五儀飾：劍、蓋、華鬘及珠柄拂、嚴飾之屣，彼盡脫已，授與長作。長作念曰：「天王今者必當獨入，我等應共住此待耳。」

於是拘薩羅王波斯匿眷屬圍遶，步往至彼東向大屋，到已住外，謦欬敲戶；世尊聞已，即為開戶。拘薩羅王波斯匿便入彼屋，前至佛所，稽首禮足，再三自稱姓名：「我是拘薩羅王波斯匿，我是拘薩羅王波斯匿。」

世尊答曰：「如是，大王！汝是拘薩羅王波斯匿，汝是拘薩羅王波斯匿。」

拘薩羅王波斯匿再三自稱姓名已，稽首佛足，却坐一面。世尊問曰：「大王！見我有何等義，而自下意稽首禮足、供養承事耶？」

拘薩羅王波斯匿答曰：「世尊！我於佛而有法靖，因此故，我作是念：『如來、無所著、正盡覺所說法善，世尊弟子眾善趣向也。』世尊！我坐都坐時，見母共子諍，子共母諍，父子、兄弟、姊妹、親屬展轉共諍。彼鬪諍時，母說子惡，子說母惡，父子、兄弟、姊妹、親屬*更相☆說惡，況復他人？我見世尊弟子諸比丘眾從世尊行梵行，或有比丘少多起諍，捨戒罷道，不說佛惡，不說法惡，不說眾惡，但自責數：『我為惡，我為無德。所以者何？以我不能從世尊自盡形壽修行梵行。』是謂我於佛而有法靖，因此故，我作是念：『如來、無所著、正盡覺所說法善，世尊弟子眾善趣向也。』

「復次，世尊！我見一沙門梵志，或九月或十月，少多學行梵行，捨隨本服，復為欲所染，染欲著欲，為欲所縛，憍慠受入，不見災患，不見出要而樂行欲。世尊！我見世尊弟子諸比丘衆自盡形壽修行梵行，乃至億數，我於此外，不見如是清淨梵行如世尊家。是謂我於佛而有法靖，因此故，我作是念：『如來、無所著、正盡覺所說法善，世尊弟子衆善趣向也。』

「復次，世尊！我見一沙門梵志羸瘦憔悴，形色極惡，身生白皰，人不熹見。我作是念：『此諸尊何以羸瘦憔悴，形色極惡，身生白皰，人不憙見？此諸尊必不樂行梵行，或身有患，或屏處作惡；以是故，諸尊羸瘦憔悴，形色極惡，身生白皰，人不憙見。』我往問彼：

『諸尊何故羸瘦憔悴，形色極惡，身生白皰，人不憙見？諸尊不樂行梵行耶？為身有患耶？為屏處作惡耶？是故諸尊羸瘦憔悴，形色極惡，身生白皰，人不憙見。』彼答我曰：『大王！是白病。大王！是白病。』

「世尊！我見世尊弟子諸比丘眾，樂行端正，面色悅澤，形體淨潔，無為無求，護他妻食如鹿，自盡形壽修行梵行。我見已，作是念：『此諸尊何故樂行端正，面色悅澤，形體淨潔，無為無求，護他妻食如鹿，自盡形壽修行梵行？此諸尊或得離欲，或得增上心，現法樂居，易不難得；是故此諸尊樂行端正，面目悅澤，形體淨潔，無為無求，護他妻食如鹿，自盡形壽修行梵行。若行欲樂行端正者，我應樂行端正。何以故？我得五欲功德，易不難得。若此諸尊得離欲，得增上心，於現法樂居，易不難得；是故此諸尊樂行端正，面色悅澤，形體淨潔，無為無求，護他妻食如鹿，自盡形壽修行梵行。』是謂我於佛而有法靖，因此故，我作是念：『如來、無所著、正盡覺所說法善，世尊弟子眾善趣向也。』

「復次，世尊！我見一沙門梵志聰明智慧，自稱聰明智慧，博聞決定，*諳識諸經，制伏強敵，談論覺了，名德流布，一切世間無不聞知，所遊至處壞諸見宗，輙自立論，而作是說：『我等往至沙門瞿曇所，問如是如是事。若能答者，當難詰彼；若不能答，亦難詰已，捨之而去。』彼聞世尊遊某村邑，往至佛所，尚不敢問於世尊事，況復欲難詰耶？是謂我於佛而有法靖，因此故，我作是念：『如來、無所著、正盡覺所說法善，世尊弟子衆善趣向也。』

「復次，世尊！我見一沙門梵志聰明智慧，自稱聰明智慧，博聞決定，*諳識諸經，制伏強敵，談論覺了，名德流布，一切世間無不聞知，所遊至處壞諸見宗，輒自立論，而作是說：『我等往至沙門瞿曇所，問如是如是事。若能答者，當難詰彼；若不能答，亦難詰已，捨之而去。』彼聞世尊遊某村邑，往至佛所，問世尊事，世尊為答。彼聞答已，便得歡喜，稽首佛足，繞三匝而去。是謂我於佛而有法靖，因此故，我作是念：『如來、無所著、正盡覺所說法善，世尊弟子衆善趣向也。』

「復次，世尊！我見一沙門梵志聰明智慧，自稱聰明智慧，博聞決定，*諳識諸經，制伏強敵，談論覺了，名德流布，一切世間無不聞知，所遊至處壞諸見宗，輒自立論，而作是說：『我等往至沙門瞿曇所，問如是如是事。若能答者，當難詰彼；若不能答，亦難詰已，捨之而去。』彼聞世尊遊某村邑，往至佛所，問世尊事，世尊為答。彼聞答已，便得歡喜，即自歸佛、法及比丘眾；世尊受彼為優婆塞，終身自歸，乃至命盡。是謂我於佛而有法靖，因此故，我作是念：『如來、無所著、正盡覺所說法善，世尊弟子眾善趣向也。』

「復次，世尊！我見一沙門梵志聰明智慧，自稱聰明智慧，博聞決定，*諳識諸經，制伏強敵，談論覺了，名德流布，一切世間無不聞知，所遊至處壞諸見宗，輒自立論，而作是說：『我等往至沙門瞿曇所，問如是如是事。若能答者，當難詰彼；若不能答，亦難詰已，捨之而去。』彼聞世尊遊某村邑，往至佛所，問世尊事，世尊為答。彼聞答已，便得歡喜，即從世尊求出家學而受具足，得比丘法；佛便度彼而授具足，得比丘法。

「若彼諸尊出家學道而受具足，得比丘法已，獨住遠離，心無放逸，修行精勤。彼獨住遠離，心無放逸，修行精勤已，若族姓子所為，剃除鬚髮，著袈裟衣，至信捨家無家學道者，唯無上梵行訖，於現法中自知自覺，自作證成就遊：生已盡，梵行已立，所作已辦，不更受有，知如真。若彼諸尊知法已，乃至得阿羅訶。得阿羅訶已，便作是念：『諸賢！我本幾了、幾失。所以者何？我本非沙門稱沙門，非梵行稱梵行，非阿羅訶稱阿羅訶，我等今是沙門、是梵行、是阿羅訶。』是謂我於佛而有法靖，因此故，我作是念：『如來、無所著、正盡覺所說法善，世尊弟子衆善趣向也。』

「復次，世尊！我自若居國，無過者令殺，有過者令殺；然在都坐，我故不得作如是說：『卿等並住，無人問卿事。人問我事，卿等不能斷此事，我能斷此事。』於其中間競論餘事，不待前論訖。我數見世尊大衆圍繞說法，彼中一人鼾眠作聲，有人語彼：『君莫鼾眠作聲！君不用聞世尊說法如甘露耶？』彼人聞已，即便默然。我作是念：『如來、無所著、正盡覺、衆調御士，甚奇！甚特！所以者何？以無刀杖，皆自如法，安隱快樂。』是謂我於佛而有法靖，因此故，我作是念：『如來、無所著、正盡覺所說法善，世尊弟子衆善趣向也。』

「復次，世尊！我於仙餘及宿舊二臣出錢財賜，亦常稱譽彼命由我，然不能令彼仙餘及宿舊二臣下意恭敬、尊重、供養、奉事於我，如為世尊下意恭敬、尊重、供養、奉事也。是謂我於佛而有法靖，因此故，我作是念：『如來、無所著、正盡覺所說法善，世尊弟子衆善趣向也。』

「復次，世尊！我昔出*征，宿一小屋中，欲試仙餘、宿舊二臣，知彼頭向何處眠耶？為向我？為向世尊？於是仙餘、宿舊二臣則於初夜結跏趺坐，默然燕坐；至中夜聞世尊在某方處，便以頭向彼，以足向我。我見已，作是念：『此仙餘及宿舊二臣不在現勝事，是故彼不下意恭敬、尊重、供養、奉事於我，如為世尊下意恭敬、尊重、供養、奉事也。』是謂我於佛而有法靖，因此故，我作是念：『如來、無所著、正盡覺所說法善，世尊弟子眾善趣向也。』

「復次，世尊！我亦國王，世尊亦法王；我亦剎利，世尊亦剎利；我亦拘薩羅，世尊亦拘薩羅；我年八十，世尊亦八十。世尊！以此事故，我堪耐為世尊盡形壽下意恭敬、尊重、供養、奉事。世尊！我今多事，欲還請辭。」

世尊告曰：「大王！自◎當知時。」

於是拘薩羅王波斯匿聞佛所說，善受持誦，即從坐起，稽首佛足，繞三匝而去。

爾時尊者阿難住世尊後，執拂侍佛。於是世尊迴顧告曰：「阿難！若有*比丘依彌婁離林住者，令彼一切集在講堂。」

於是尊者阿難受佛教已，若諸*比丘依彌婁離林住者，令彼一切集在講堂，還詣佛所，白曰：「世尊！若有*比丘依彌婁離林住者，彼一切已集講堂，唯願世尊自當知時。」

於是世尊將尊者阿難往至講堂，比丘衆前敷座而坐，告曰：「比丘！今拘薩羅王波斯匿在我前說此法莊嚴經已，即從座起，稽首我足，繞三匝而去。比丘！汝等當受持此法莊嚴經，善誦善習。所以者何？比丘！此法莊嚴經，如義如法，為梵行本，趣智趣覺，趣至涅槃。

若族姓子至信捨家無家學道者，亦當受持，當誦當習此法莊嚴經。」

佛說如是，彼諸比丘聞佛所說，歡喜奉行。

法莊嚴經第二竟三千三十七字

(二一四)中阿含例品鞞訶提經第三第五後誦

我聞如是：一時，佛遊舍衛國，在勝林給孤獨園。

爾時尊者阿難住舍衛國，於東園鹿子母堂為小事故，彼時尊者阿難將一比丘從舍衛出，往至東園鹿子母堂。所為事訖，將彼比丘還，往至勝林給孤獨園。

爾時拘薩羅王波斯匿乘一奔陀利象，與尸利阿荼大臣俱出舍衛國。尊者阿難遙見拘薩羅王波斯匿來已，問伴比丘：「彼是拘薩羅王波斯匿耶？」

答曰：「是也。」

尊者阿難便下道避至一樹下。

拘薩羅王波斯匿遙見尊者阿難在於樹間，問曰：「尸利阿荼！彼是沙門阿難耶？」

尸利阿荼答曰：「是也。」

拘薩羅王波斯匿告尸利阿荼大臣曰：「汝御此象，令至沙門阿難所。」

尸利阿荼受王教已，即御此象，令至尊者阿難所。

於是拘薩羅王波斯匿問曰：「阿難！從何處來？欲至何處？」

尊者阿難答曰：「大王！我從東園鹿子母堂來，欲至勝林給孤獨園。」

拘薩羅王波斯匿語曰：「阿難！若於勝林無急事者，可共往至阿夷羅婆提河。為慈愍故，尊者阿難為拘薩羅王波斯匿默然而受。」

於是拘薩羅王波斯匿令尊者阿難在前，共至阿夷羅婆提河，到已下乘，取彼象*韉，四疊敷地，請尊者阿難：「阿難！可坐此座。」

尊者阿難答曰：「止！止！大王！但心*靜足。」

拘薩羅王波斯匿再三請尊者阿難：「阿難！可坐此座。」

尊者阿難亦再三語：「止！止！大王！但心靖足，我自有尼師檀，我今當坐。」

於是尊者阿難敷尼師檀，結跏趺坐。

拘薩羅王波斯匿與尊者阿難共相問訊，却坐一面，語曰：「阿難！欲有所問，聽我問耶？」

尊者阿難答曰：「大王！欲問便問，我*聞已當思。」

拘薩羅王波斯匿問曰：「阿難！如來頗行如是身行，謂此身行為沙門、梵志所憎惡耶？」

尊者阿難答曰：「大王！如來不行如是身行，謂是身行為沙門、梵志聰明智慧及餘世間所憎惡也。」

拘薩羅王波斯匿聞已，歎曰：「善哉！善哉！阿難！我所不及。

若聰明智慧及餘世間者，而阿難及之。阿難！若有不善相悉而毀呰稱譽者，我等不見彼真實也。阿難！若有善相悉而毀呰稱譽者，我見彼真實也。阿難！如來頗行如是身行，謂此身行為沙門、梵志聰明智慧及餘世間所憎惡耶？」

尊者阿難答曰：「大王！如來終不行如是身行，謂此身行為沙門、梵志聰明智慧及餘世間所憎惡也。」

拘薩羅王波斯匿問曰：「阿難！云何為身行耶？」

尊者阿難答曰：「大王！不善身行也。」

拘薩羅王波斯匿問曰：「阿難！云何不善身行耶？」

尊者阿難答曰：「大王！謂身行有罪。」

拘薩羅王波斯匿問曰：「阿難！云何身行有罪耶？」

尊者阿難答曰：「大王！謂行身行，智者所憎惡。」

拘薩羅王波斯匿問曰：「阿難！云何智者所憎惡耶？」

尊者阿難答曰：「大王！謂行身行，自害、害彼、俱害，滅智慧、惡相助，不得涅槃，不趣智，不趣覺，不趣涅槃。彼可行法不知如真，不可行法亦不知如真。可行法不知如真，不可行法亦不知如真已，可受法不知如真，不可受法亦不知如真。可受法不知如真，不可受法亦不知如真已，可斷法不知如真，不可斷法亦不知如真。可斷法不知如真，不可斷法不知如真已，可成就法不知如真，不可成就法亦不知如真。可成就法不知如真，不可成就法亦不知如真已，可行法便不行，不可行法而行。可行法便不行，不可行法而行已，可受法便不受，不可受法而受。可受法便不受，不可受法而受已，可斷法便不斷，不可斷法而斷。可斷法便不斷，不可斷法而斷已，可成就法便不成就，不可成就法而成就。可成就法便不成就，不可成就法而成就已，不善法轉增，善法轉減。是故如來終不行此法。」

拘薩羅王波斯匿問曰：「阿難！如來何故終不行此法耶？」

尊者阿難答曰：「大王！離欲、欲已盡，離恚、恚已盡，離癡、癡已盡，如來斷一切不善之法，成就一切善法。教師、妙師、善順師，將御、順御，善語、妙語、善順語。是故如來終不行此法。」

拘薩羅王波斯匿歎曰：「善哉！善哉！阿難！如來不可行法終不

行。所以者何？以如來、無所著、正盡覺故。阿難！汝彼師弟子，學道欲得無上安隱涅槃，汝尚不行此法，況復如來行此法耶？」

拘薩羅王波斯匿問曰：「阿難！如來頗行如是身行，謂此身行不為沙門、梵志聰明智慧及餘世間所憎惡耶？」

尊者阿難答曰：「大王！如來必行如是身行，謂此身行不為沙門、梵志聰明智慧及餘世間所憎惡也。」

拘薩羅王波斯匿問曰：「阿難！云何為身行耶？」

尊者阿難答曰：「大王！謂善身行也。」

拘薩羅王波斯匿問曰：「阿難！云何善身行耶？」

尊者阿難答曰：「大王！謂身行無罪。」

拘薩羅王波斯匿問曰：「阿難！云何身行無罪耶？」

尊者阿難答曰：「大王！謂行身行，智者所不憎惡。」

拘薩羅王波斯匿問曰：「阿難！云何智者所不憎惡？」

尊者阿難答曰：「大王！謂行身行，不自害、不害彼、不俱害，覺慧、不惡相助，得涅槃，趣智趣覺，趣至涅槃。彼可行法知如真，不可行法亦知如真。可行法知如真，不可行法亦知如真已，可受法知如真，不可受法亦知如真。可受法知如真，不可受法亦知如真已，可斷法知如真，不可斷法亦知如真。可斷法知如真，不可斷法亦知如真已，可成就法知如真，不可成就法亦知如真。可成就法知如真，不可成就法亦知如真已，可行法而行，不可行法便不行。可行法而行，不可行法便不行已，可受法而受，不可受法便不受。可受法而受，不可受法便不受已，可斷法而斷，不可斷法便不斷。可斷法而斷，不可斷法便不斷已，可成就法而成就，不可成就法便不成就。可成就法而成就，不可成就法便不成就已，不善法轉滅，善法轉增。是故如來必行此法。」

拘薩羅王波斯匿問曰：「阿難！如來何故必行此法耶？」

尊者阿難答曰：「大王！離欲、欲已盡，離恚、恚已盡，離癡、癡已盡，如來成就一切善法，斷一切不善之法。教師、妙師、善順師，將御、順御，善語、妙語、善順語。是故如來必行此法。」

拘薩羅王波斯匿歎曰：「善哉！善哉！阿難！如來可行法必行。

所以者何？以如來、無所著、正盡覺故。阿難！汝彼師弟子，學道欲得無上安隱涅槃，汝尚行此法，況復如來不行此法耶？阿難善說，我今歡喜。阿難快說，我極歡喜。若村輸租，阿難法應受者，我村輸租為法布施。阿難！若象、馬、牛、羊，阿難法應受者，我象、馬、牛、羊為法布施。阿難！若婦女及童女，阿難法應受者，我婦女及童女為法布施。阿難！若生色寶，阿難法應受者，我生色寶為法布施。阿難！如此之事阿難皆不應受。我拘薩羅家有一衣，名鞞訶提，彼第一，王以*傘柄☆孔中盛送來為信。阿難！若拘薩羅家⊙有劫貝諸衣者，此鞞訶提於諸衣中最為第一。所以者何？此鞞訶提衣長十六肘、廣八肘。我此鞞訶提衣，今為法故布施阿難。阿難！當作三衣，持令彼拘薩羅家長夜增益⊙得福。」

尊者阿難答曰：「止！止！大王！但心靖足，自有三衣，謂我所受。」

拘薩羅王波斯匿白曰：「阿難！聽我說喻，慧者聞喻則解其義。猶如大雨時，此阿夷羅婆提河水滿，兩岸溢則流出。阿難見耶？」

尊者阿難答曰：「見也。」

拘薩羅王波斯匿白曰：「如是，阿難！若有三衣，當與比丘、比丘尼，漸學舍羅、舍羅磨尼離。阿難！以此鞞訶提作三衣受持，令彼拘薩羅家長夜⊙得增益福。」

尊阿難為拘薩羅王波斯匿默然而受。

於是拘薩羅王波斯匿知尊者阿難默然受已，鞞訶提衣為法布施尊者阿難，即從座起，繞三匝而去。去後不久，尊者阿難持鞞訶提衣往詣佛所，稽首佛足，却住一面，白曰：「世尊！此鞞訶提衣，今日拘薩羅王波斯匿為法布施我，願世尊以兩足著鞞訶提衣上，令拘薩羅家長夜得增益福。」

於是世尊以兩足著鞞訶提衣上，告曰：「阿難！若汝與拘薩羅王波斯匿所共論者，今悉向我而廣說之。」

於是尊者阿難與拘薩羅王波斯匿所共論者，盡向佛說，叉手白曰：「我如是說，不誣謗世尊耶？真說如法，說法次法，不於如法有過失耶？」

世尊答曰：「汝如是說，不誣謗我，真說如法，說法次法，亦不於如法有過失也。阿難！若拘薩羅王波斯匿以此義、以此句、以此文來問我者，我亦為拘薩羅王波斯匿以此義、以此句、以此文答彼也。阿難！此義如汝所說，汝當如是受持。所以者何？此說即是其義。」

佛說如是，尊者阿難及諸比丘聞佛所說，歡喜奉行。

鞞訶提經第三竟二千五百九十一字

（二一五）中阿含例品第一得經第四第五後誦

我聞如是：一時，佛遊舍衛國，在勝林給孤獨園。

爾時世尊告諸比丘：「若拘薩羅王波斯匿所有境界，教令所及，彼中拘薩羅王波斯匿最為第一。拘薩羅王波斯匿者，變易有異。多聞聖弟子如是觀則厭彼，厭彼已，尚不欲第一，況復下賤？所謂日月境界光明所照，所照諸方，謂千世界。此千世界，有千日、千月、千弗于逮洲、千閻浮洲、千拘陀尼洲、千鬱單越洲、千須彌山、千四大王天、千四天王子、千三十三天、千釋天因陀羅、千焰摩天、千須焰摩天子、千兜率哆天、千兜率哆天子、千化樂天、千善化樂天子、千他化樂天、千自在天子、千梵世界及千別梵。彼中有一梵大梵，富祐作化尊，造眾生父，已有當有。彼大梵者，變易有異。多聞聖弟子如是觀則厭彼，厭彼已，尚不欲第一，況復下賤？後時此世敗壞，此世敗壞時，眾生生晃昱天中。彼中有色乘意生，具足一切，支節不滅，諸根不壞，以喜為食，形色清淨，自身光照，飛乘虛空，住彼久遠。晃昱天者，變易有異。多聞聖弟子如是觀則厭彼，厭彼已，尚不欲第一，況復下賤？

「復次，有四想，有比丘想小、想大、想無量、想無所有。衆生如是樂想意解者，變易有異。多聞聖弟子如是觀則厭彼，厭彼已，尚不欲第一，況復下賤？

「復次，有八除處，云何為八？比丘內有色想，外觀色少，善色、惡色，彼色除已知、除已見，作如是想，是謂第一除處。復次，比丘內有色想，外觀色無量，善色、惡色，彼色除已知、除已見，作如是想，是謂第*二除處。復次，比丘內無色想，外觀色少，善色、惡色，彼色除已知、除已見，作如是想，是謂第三除處。復次，比丘內無色想，外觀色無量，善色、惡色，彼色除已知、除已見，作如是想，是謂第四除處。

「復次，比丘內無色想，外觀色，青青色，青見青光；猶如青水華，青青色，青見青光；猶如成就波羅㮈衣，熟擣磨碾，光色悅澤，青青色，青見青光。如是比丘內無色想，外觀色，青青色，青見青光，無量無量，淨意潤意，樂不憎惡。彼色除已知、除已見，作如是想，是謂第五除處。

「復次，比丘內無色想，外觀色，黃黃色，黃見黃光；猶如頻頭歌羅華，黃黃色，黃見黃光；猶如成就波羅㮈衣，熟擣磨碾，光色悅澤，黃黃色，黃見黃光。如是比丘內無色想，外觀色，黃黃色，黃見黃光，無量無量，淨意潤意，樂不憎惡。彼色除已知、除已見，作如是想，是謂第六除處。

「復次，比丘！內無色想，外觀色，赤赤色，赤見赤光；猶如加尼歌羅華，赤赤色，赤見赤光；猶如成就波羅㮏衣，熟擣磨碾，光色悅澤，赤赤色，赤見赤光。如是比丘內無色想，外觀色，赤赤色，赤見赤光，無量無量，淨意潤意，樂不憎惡。彼色除已知、除已見，作如是想，是謂第七除處。

「復次，比丘內無色想，外觀色，白白色，白見白光；猶如*太，白白色，白見白光；猶如成就波羅㮏衣，熟擣磨碾，光色悅澤，白白色，白見白光。如是，比丘內無色想，外觀色，白白色，白見白光，無量無量，淨意潤意，樂不憎惡。彼色除已知、除已見，作如是想，是謂第八除處。衆生如是樂除處意解者，變易有異。多聞聖弟子如是觀則厭彼，厭彼已，尚不欲第一，況復下賤？

「復次，有十一切處。云何為十？有比丘無量地處修一，思惟上下諸方不二；無量水處，無量火處，無量風處，無量青處，無量黃處，無量赤處，無量白處，無量空處，無量識處，第十修一，思惟上下，諸方不二。衆生如是樂一切處意解者，變易有異。多聞聖弟子如是觀則厭彼，厭彼已，尚不欲第一，況復下賤？是謂第一清淨說，施設最第一，謂我無我、不有，及為彼證故，施設於道。是謂第一外依見處、最依見處，調度一切色想，乃至得非有想非無想處成就遊。是謂於現法中第求趣至涅槃，於現法中最施設涅槃，謂六更樂處生、滅、味、離，慧見如真，及為彼證故，施設於道。

「復次，有四斷。云何為四？有斷樂遲，有斷樂速，有斷苦遲，有斷苦速。於中若有斷樂遲者，是樂遲故，說下賤。於中若有斷樂[116]◎速者，此斷樂速故，此斷亦說下賤。於中若有斷苦遲者，此斷苦遲故，此斷亦說下賤。於中若有斷苦速者，此斷苦速故，此斷非廣布、不流布，乃至天人亦不稱廣布。我斷廣布流布，乃至天人亦稱廣布。云何我斷廣布流布，乃至天人亦稱廣布？謂八支正道，正見乃至正定為八，是謂我斷廣布流布，乃至天人亦稱廣布。我如是，諸沙門、梵志虛偽妄言，不善不真，實誣謗於我：彼實有衆生施設斷壞，沙門瞿曇無所施設。彼實有衆生施設斷壞，若此無，我不如是說：彼如來於現法中斷知一切，得息、止、滅、涅槃。」

佛說如是，彼諸比丘聞佛所說，歡喜奉行☆。

第一得經第四竟一千三百七十一字

中阿含經卷第五十九一萬七百七十二字　**第五後誦**

中阿含經卷第六十

東晉罽賓三藏瞿曇僧伽提婆譯

(二一六)例品愛生經第五 第五後誦

我聞如是：一時，佛遊舍衛國，在勝林給孤獨園。

爾時有一梵志，唯有一兒，心極愛念，忍意溫潤，視之無厭，忽便命終。命終之後，梵志愁憂，不能飲食，不著衣裳，亦不塗香，但至塚哭，憶兒臥處。於是梵志周遍彷徉，往詣佛所，共相問訊，却坐一面。世尊問曰：「梵志！今汝諸根不似自心住耶？」

梵志答曰：「今我根根何由當得自心住耶？所以者何？唯有一兒，心極愛念，忍意溫潤，視之無厭，忽便命終。彼命終已，我便愁憂，不能飲食，不著衣裳，亦不塗香，但至塚哭，憶兒臥處。」

世尊告曰：「如是，梵志！如是，梵志！若愛生時，便生愁慼啼哭、憂苦煩惋懊惱。」

梵志語曰：「瞿曇！何言：若愛生時，便生愁慼啼哭、憂苦煩惋懊惱耶？瞿曇！當知若愛生時，生喜心樂。」

世尊如是至再三告曰：「如是，梵志！如是，梵志！若愛生時，便生愁慼啼哭、憂苦煩惋懊惱。」

梵志亦至再三語曰：「瞿曇！何言：若愛生時，便生愁慼啼哭、憂苦煩惋懊惱耶？瞿曇！當知若愛生時，生喜心樂。」

時彼梵志聞佛所說，不說言是，但說非已，即從坐起，奮頭而去。

爾時勝林於其門前有衆多市郭兒而共博戲，梵志遙見已，便作是念：「世中若有聰明智慧者，無過博戲人，我今寧可往彼，若與瞿曇所共論者，盡向彼說。」

於是梵志往至衆多市郭兒共博戲所，若與世尊所共論者，盡向彼說。

衆多市郭博戲兒聞已，語曰：「梵志！何言：若愛生時，便生愁慼啼哭、憂苦煩惋懊惱耶？梵志！當知若愛生時，生喜心樂。」

梵志聞已，便作是念：「博戲兒所說正與我同。」頷頭而去。

於是此論展轉廣布，乃入王宮。拘薩羅王波斯匿聞沙門瞿曇作如是說：「若愛生時，便生愁慼啼哭、憂苦煩惋懊惱。」語末利皇后曰：「我聞瞿曇作如是說：『若愛生時，便生愁慼啼哭、憂苦煩惋懊惱。』」

末利皇后聞已，白曰：「如是，大王！如是，大王！若愛生時，便生愁慼啼哭、憂苦煩惋懊惱。」

拘薩羅王波斯匿語末利皇后曰：「聞師宗說，弟子必同。沙門瞿曇是汝師，故作如是說；汝是彼弟子，故作如是說：『若愛生時，便生愁慼啼哭、憂苦煩惋懊惱。』」

末利皇后白曰：「大王！若不信者，可自往問，亦可遣使。」

於是拘薩羅王波斯匿即告那利鴦伽梵志曰：「汝往沙門瞿曇所，為我問訊沙門瞿曇：聖體康強，安快無病，起居輕便，氣力如常耶？作如是語：『拘薩羅王波斯匿問訊：聖體康強，安快無病，起居輕便，氣力如常耶？沙門瞿曇實如是說：若愛生時，便生愁慼啼哭、憂苦煩惋懊惱耶？』那利鴦伽！若沙門瞿曇有所說者，汝當善受持誦。所以者何？如是之人，終不妄言。」

那利鴦伽梵志受王教已，即詣佛所，共相問訊，却坐一面，白曰：「瞿曇！拘薩羅王波斯匿問訊：聖體康強，安快無病，起居輕便，氣力如常耶？沙門瞿曇實如是說：若愛生時，便生愁慼啼哭、憂苦煩惋懊惱耶？」

世尊告曰：「那利鴦伽！我今問汝，隨所解答。那利鴦伽！於意云何？若使有人母命終者，彼人發狂，心大錯亂，脫衣裸形，隨路遍走，作如是說：『諸賢！見我母耶？諸賢！見我母耶？』那利鴦伽！以此事故可知，若愛生時，便生愁慼啼哭、憂苦煩惋懊惱。如是父兄、姊妹也，兒婦命終，彼人發狂，心大錯亂，脫衣裸形，隨路遍走，作如是說：『諸賢！見我兒婦耶？諸賢！見我兒婦耶？』那利鴦伽！以此事故可知，若愛生時，便生愁慼啼哭、憂苦煩惋懊惱。那利鴦伽！昔有一人婦暫歸家，彼諸親族欲奪更嫁。彼女聞之，即便速疾還至夫家，語其夫曰：『君今當知，我親族強欲奪君婦嫁與他人，欲作何計？』於是彼人即執婦臂，將入屋中，作如是語：『俱至後世！俱至後世！』便以利刀斫殺其婦，并自害己。那利鴦伽！以此事故可知，若愛生時，便生愁慼啼哭、憂苦煩惋懊惱。」

那利鴦伽梵志聞佛所說，善受持誦，即從坐起，繞三匝而去，還至拘薩羅王波斯匿所，白曰：「*大王！沙門瞿曇實如是說：若愛生時，便生愁慼啼哭、憂苦煩惋懊惱。」

拘薩羅王波斯匿聞已，語末利皇后曰：「沙門瞿曇實如是說：若愛生時，便生愁慼啼哭、憂苦煩惋懊惱。」

末利皇后白曰：「大王！我問大王，隨所解答。於意云何？王愛鞞留羅大將耶？」

答曰：「實愛。」

末利復問：「若鞞留羅大將變易異者，王當云何？」

答曰：「末利！若鞞留羅大將變易異者，我必生愁慼啼哭、憂苦煩惋懊惱。」

末利白曰：「以此事故，知愛生時，便生愁慼啼哭、憂苦煩惋懊惱。」

末利復問：「王愛尸利阿荼大臣，愛一奔陀利象，愛婆夷利童女，愛雨日蓋，愛加尸及拘薩羅國耶？」

答曰：「實愛。」

末利復問：「若加尸及拘薩羅國變易異者，王當云何？」

答曰：「末利！我所具足五欲功德自娛樂者，由彼二國，若加尸及拘薩羅國當變易異者，我乃至無命，況復不生愁慼啼哭、憂苦煩惋懊惱耶？」

末利白曰：「以此事故，知愛生時，便生愁慼啼哭、憂苦煩惋懊惱。」

末利問王：「於意云何？為愛我耶？」

王復答曰：「我實愛汝。」

末利復問：「若我一旦變易異者，王當云何？」

答曰：「末利！若汝一旦變易異者，我必生愁慼啼哭、憂苦煩惋懊惱。」

末利白曰：「以此事故，知愛生時，便生愁慼啼哭、憂苦煩惋懊惱。」

拘薩羅王波斯匿語曰：「末利！從今日去，沙門瞿曇因此事是我師，我是彼弟子。末利！我今自歸於佛、法及比丘眾，唯願世尊受我為優婆塞！從今日始，終身自歸，乃至命盡。」

佛說如是，拘薩羅王波斯匿及末利皇后聞佛所說，歡喜奉行。

愛生經第五竟一千六百七十八字

(二一七)中阿含例品八城經第六第五後誦

我聞如是：一時，佛般涅槃後不久，眾多上尊名德比丘遊波羅利子城，住在雞園。

是時第十居士八城，持多妙貨，往至波羅利子城治生販賣。於是第十居士八城，彼多妙貨，貨賣速售，大得財利，歡喜踊躍，出波羅利子城，往詣鷄園衆多上尊名德比丘所，稽首禮足，却坐一面。時諸上尊名德比丘為彼說法，勸發渴仰，成就歡喜。無量方便為彼說法，勸發渴仰，成就歡喜已，默然而住。

時諸上尊比丘為彼說法，勸發渴仰，成就歡喜已。於是第十居士八城白曰：「上尊！尊者阿難今在何處？我欲往見。」

諸上尊比丘答曰：「居士！尊者阿難今在鞞舍離獼猴江邊高樓臺觀，若欲見者，可往至彼。」

爾時第十居士八城即從坐起，稽首諸上尊比丘足，繞三匝而去。

往詣尊者阿難所，稽首禮足，却坐一面，白曰：「尊者阿難！欲有所問，聽我問耶？」

尊者阿難告曰：「居士欲問便問，我聞已當思。」

居士問曰：「尊者阿難！世尊、如來、無所著、正盡覺，成就慧眼，見第一義，頗說一法，若聖弟子住，漏盡無餘，得心解脫耶？」

尊者阿難答曰：「如是。」

居士問曰：「尊者阿難！世尊、如來、無所著、正盡覺，成就慧眼，見第一義，云何說有一法，若聖弟子住，漏盡無餘，得心解脫耶？」

尊者阿難答曰：「居士！多聞聖弟子離欲、離惡不善之法，至得第四禪成就遊。彼依此處，觀法如法。彼依此處，觀法如法，住彼得漏盡者，或有是處。若住彼不得漏盡者，或因此法，欲法、愛法、樂法、*靜法、愛樂歡喜，斷五下分結盡，化生於彼而般涅槃，得不退法，終不還此。復次，居士！多聞聖弟子心與慈俱，遍滿一方成就遊。如是二三四方、四維上下，普周一切，心與慈俱，無結無怨，無恚無諍，極廣甚大，無量善修，遍滿一切世間成就遊。如是悲、喜，心與捨俱，無結無怨，無恚無諍，極廣甚大，無量善修，遍滿一切世間成就遊。彼依此處，觀法如法。彼依此處，觀法如法，住彼得漏盡者，或有是處。若住彼不得漏盡者，或因此法，欲法、愛法、樂法、*靜法、愛樂歡喜，斷五下分結盡，化生於彼而般涅槃，得不退法，終不還此。是謂如來、無所著、正盡覺，成就慧眼，見第一義，說有一法，若聖弟子住，漏盡無餘，得心解脫。

「復次，居士！多聞聖弟子度一切色想，乃至非有想非無想處成就遊。彼於此處，觀法如法。彼於此處，觀法如法，住彼得漏盡者，或有是處。若住彼不得漏盡者，或因此法，欲法、愛法、樂法、*靜法、愛樂歡喜，斷五下分結盡，化生於彼而般涅槃，得不退法，終不還此。是謂如來、無所著、正盡覺，成就慧眼，見第一義，說有一法，若聖弟子住，漏盡無餘，得心解脫。」

於是第十居士八城即從坐起，偏袒著衣，叉手白曰：「尊者阿難！甚奇！甚特！我問尊者阿難一甘露門，而尊者阿難一時為我說於十二甘露法門。今此十二甘露法門，必隨所依，得安隱出。尊者阿難！

猶去村不遠，有大屋舍，開十二戶。若人所為故，入彼屋中；復一人來，不為彼人求義及饒益，不求安隱，而燒彼屋。尊者阿難！彼人必得於此十二戶隨所依出，得自安隱。如是，我問尊者阿難一甘露門，而尊者阿難一時為我說於十二甘露法門。今此十二甘露法門，必隨所依，得安隱出。尊者阿難！梵志法律中說不善法律，尚供養師，況復我不供養大師尊者阿難耶？」

於是第十居士八城即於夜中，施設極妙淨美豐饒食噉含消。施設食已，平旦敷座，請雞園眾及鞞舍離眾皆集一處，自行澡水，則以極妙淨美豐饒食噉含消，手自斟酌，令得飽滿。食訖收器，行澡水竟，持五百種物買屋別施尊者阿難。尊者阿難受已，施與招提僧。

尊者阿難所說如是，第十居士八城聞尊者阿難所說，歡喜奉行。

八城經第六竟一千一百七十字

（二一八）中阿含例品阿那律陀經第七第五後誦

我聞如是：一時，佛遊舍衛國，在勝林給孤獨園。

爾時諸比丘則於晡時從燕坐起，往詣尊者阿那律陀所，稽首禮足，却坐一面，白曰：「我等欲有所問，聽乃敢陳。」

尊者阿那律陀答曰：「諸賢！欲問便問，我聞已當思。」

時諸比丘即便問曰：「云何比丘賢死、賢命終耶？」

尊者阿那律陀答曰：「諸賢！若比丘離欲、離惡不善之法，至得第四禪成就遊者，是謂比丘賢死、賢命終也。」

時諸比丘又復問曰：「比丘極是賢死、賢命終耶？」

尊者阿那律陀答曰：「諸賢！比丘不極是賢死、賢命終也。復次，諸賢！若比丘得如意足、天耳、他心智、宿命智、生死智漏盡，得無漏心解脫、慧解脫，於現法中自知自覺自作證成就遊：生已盡，梵行已立，所作已辦，不更受有，知如真。是謂比丘賢死、賢命終也。」

時諸比丘又復問曰：「比丘極是賢死、賢命終耶？」

尊者阿那律陀答曰：「諸賢！比丘極是賢死、賢命終也。」

於是諸比丘聞尊者阿那律陀所說，善受持誦已，即從坐起，稽首尊者阿那律陀足，繞三匝而去。

尊者阿那律陀所說如是，彼諸比丘聞尊者阿那律陀所說，歡喜奉行。

阿那律陀經第七竟（三百五十三字）

（二一九）中阿含例品阿那律陀經第八（第五後誦）

我聞如是：一時，佛遊舍衞國，在勝林給孤獨園。

爾時諸比丘則於晡時從燕坐起，往詣尊者阿那律陀所，稽首禮足，却坐一面，白曰：「我等欲有所問，聽乃敢陳。」

尊者阿那律陀答曰：「諸賢！欲問便問，我聞已當思。」

時諸比丘即便問曰：「云何比丘不煩熱死、不煩熱命終耶？」

尊者阿那律陀答曰：「諸賢！若比丘見質直及得聖愛戒者，是謂比丘不煩熱死、不煩熱命終。」

時諸比丘又復問曰：「比丘極是不煩熱死、不煩熱命終耶？」

尊者阿那律陀答曰：「諸賢！比丘不極是不煩熱死、不煩熱命終。復次，諸賢！若比丘觀內身如身，乃至觀覺、心、法如法，是謂比丘不煩熱死、不煩熱命終。」

時諸比丘又復問曰：「比丘極是不煩熱死、不煩熱命終耶？」

尊者阿那律陀答曰：「諸賢！比丘不極是不煩熱死、不煩熱命終。復次，諸賢！若比丘心與慈俱，遍滿一方成就遊。如是二三四方、四維上下，普周一切，心與慈俱，無結無怨，無恚無諍，極廣甚大，無量善修，遍滿一切世間成就遊。如是悲、喜，心與捨俱，無結無怨，無恚無諍，極廣甚大，無量善修，遍滿一切世間成就遊，是謂比丘不煩熱死、不煩熱命終。」

時諸比丘又復問曰：「比丘極是不煩熱死、不煩熱命終耶？」

尊者阿那律陀答曰：「諸賢！比丘不極是不煩熱死、不煩熱命終。復次，諸賢！若比丘度一切色想，乃至非有想非無想處成就遊，是謂比丘不煩熱死、不煩熱命終。」

時諸比丘又復問曰：「比丘極是不煩熱死、不煩熱命終耶？」

尊者阿那律陀答曰：「諸賢！比丘不極是不煩熱死、不煩熱命終。復次，諸賢！若有比丘度一切非有想非無想處，想知滅身觸成就遊，及慧觀諸漏已盡者，是謂比丘不煩熱死、不煩熱命終。」

時諸比丘又復問曰：「比丘極是不煩熱死、不煩熱命終耶？」

尊者阿那律陀答曰：「諸賢！比丘極是不煩熱死、不煩熱命終。」

時諸比丘聞尊者阿那律陀所說，善受持誦，即從坐起，稽首尊者阿那律陀足，繞三匝而去。

尊者阿那律陀所說如是，彼諸比丘聞尊者阿那律陀所說，歡喜奉行。

阿那律陀經第八竟（六百五十一字）

（二二〇）中阿含例品見經第九（第五後誦）

我聞如是：一時，佛般涅槃後不久，尊者阿難遊王舍城，在竹林迦蘭哆園。

於是有一異學梵志，是尊者阿難未出家時友，中後彷徉，往詣尊者阿難所，共相問訊，却坐一面，語尊者阿難：「欲有所問，聽我問耶？」

尊者阿難答曰：「梵志！欲問便問，我聞已當思。」

異學梵志即便問曰：「所謂此見，捨置除却，不盡通說，謂世有常，世無有常？世有底，世無底？命即是身，為命異身異？如來終，如來不終，如來終不終，如來亦非終亦非不終耶？沙門瞿曇知此諸見如應知耶？」

尊者阿難答曰：「梵志！所謂此見，世尊、如來、無所著、正盡覺捨置除却，不盡通說，謂世有常，世無有常？世有底，世無底？命即是身，為命異身異？如來終，如來不終？如來終不終，如來亦非終亦非不終耶？世尊、如來、無所著、正盡覺知此諸見如應也。」

異學梵志又復問曰：「所謂此見，沙門瞿曇捨置除却，不盡通說，謂世有常，世無有常？世有底，世無底？命即是身，為命異身異？如來終，如來不終？如來終不終，如來亦非終亦非不終耶？沙門瞿曇云何知此諸見如應耶？」

尊者阿難答曰：「梵志！所謂此見，世尊、如來、無所著、正盡覺捨置除却，不盡通說，謂世有常，世無有常？世有底，世無底？命即是身，為命異身異？如來終，如來不終，如來終不終，如來亦非終亦非不終耶？異學梵志！如是具、如是受、如是趣、如是生、如是至後世，所謂此是世尊、如來、無所著、正盡覺捨置除却，不盡通說，謂世有常，世無有常？世有底，世無底？命即是身，為命異身異？如來終，如來不終，如來終不終，如來亦非終亦非不終耶？如是知此諸見，此諸見應如是知。」

異學梵志白曰：「我今自歸於阿難。」

尊者阿難吉曰：「梵志！汝莫自歸於我。如我自歸於佛，汝亦應自歸◎於佛☆。」

異學梵志白曰：「阿難！我今自歸於佛、法及比丘衆，唯願世尊受我為優婆塞！從今日始，終身自歸，乃至命盡。」

尊者阿難所說如是，彼異學梵志聞尊者阿難所說，歡喜奉行。

見經第九竟六百二十五字

(二二一)中阿含例品箭喻經第十第五後誦

我聞如是：一時，佛遊舍衞國，在勝林給孤獨園。

爾時尊者鬘童子獨安*靜處燕坐思惟，心作是念：「所謂此見，世尊捨置除却，不盡通說，謂世有常，世無有常？世有底，世無底？命即是身，為命異身異？如來終，如來不終，如來終不終，如來亦非終亦非不終耶？我不欲此！我不忍此！我不可此！若世尊為我一向說世有常者，我從彼學梵行；若世尊不為我一向說世有常者，我當難詰彼，捨之而去。如是世無有常？世有底，世無底？命即是身，為命異身異？如來終，如來不終，如來終不終，如來亦非終亦非不終耶？若世尊為我一向說此是真諦，餘皆虛妄言者，我從彼學梵行；若世尊不為我一向說此是真諦，餘皆虛妄言者，我當難詰彼，捨之而去。」

於是尊者鬘童子則於晡時從燕坐起，往詣佛所，稽首作禮，卻坐一面，白曰：「世尊！我今獨安*靜處燕坐思惟，心作是念：『所謂此見，世尊捨置除卻，不盡通說，謂：世有常，世無有常？世有底，世無底？命即是身，為命異身異？如來終，如來不終，如來終不終，如來亦非終亦非不終耶？我不欲此！我不忍此！我不可此！若世尊一向知世有常者，世尊當為我說；若世尊不一向知世有常者，當直言不知也。如是世無有常？世有底，世無底？命即是身，為命異身異？如來終，如來不終，如來終不終，如來亦非終亦非不終耶？若世尊一向知此是真諦，餘皆虛妄言者，世尊當為我說；若世尊不一向知此是真諦，餘皆虛妄言者，當直言不知也。』」

世尊問曰：「鬘童子！我本頗為汝如是說世有常，汝來從我學梵行耶？」

鬘童子答曰：「不也，世尊！」

「如是世無有常？世有底，世無底？命即是身，為命異身異？如來終，如來不終，如來終不終，如來亦非終亦非不終耶？我本頗為汝如是說，此是真諦，餘皆虛妄言，汝來從我學梵行耶？」

鬘童子答曰：「不也，世尊！」

「鬘童子！汝本頗向我說：若世尊為我一向說世有常者，我當從世尊學梵行耶？」

鬘童子答曰：「不也，世尊！」

「如是世無有常？世有底，世無底？命即是身，為命異身異？如來終，如來不終？如來終不終，如來亦非終亦非不終耶？鬘童子！汝本頗向我說：若世尊為我一向說此是真諦，餘皆虛妄言者，我當從世尊學梵行耶？」

鬘童子答曰：「不也，世尊！」

世尊告曰：「鬘童子！我本不向汝有所說，汝本亦不向我有所說。汝愚癡人！何故虛妄誣謗我耶？」

於是尊者鬘童子為世尊面訶責數，內懷憂慼，低頭默然，失辯無言，如有所伺。於是世尊面訶鬘童子已，告諸比丘：「若有愚癡人作如是念：『若世尊不為我一向說世有常者，我不從世尊學梵行。』彼愚癡人竟不得知，於其中間而命終也。如是世無有常？世有底，世無底？命即是身，為命異身異？如來終，如來不終，如來終不終，如來亦非終亦非不終耶？若有愚癡人作如是念：『若世尊不為我一向說此是真諦，餘皆虛妄言者，我不從世尊學梵行。』彼愚癡人竟不得知，於其中間而命終也。

「猶如有人身被毒箭，因毒箭故，受極重苦。彼*有親族憐念愍傷，為求利義饒益安隱，便求箭醫。然彼人者方作是念：『未可拔箭！我應先知彼人如是姓、如是名、如是生？為長、短、麤、細？為黑、白、不黑不白？為剎利族，梵志、居士、工師族？為東方、南方、西方、*北方耶？未可拔箭！我應先知彼弓為柘、為桑、為槻、為角耶？未可拔箭！我應先知弓扎，彼為是牛筋、為麞鹿筋、為是絲耶？未可拔箭！我應先知弓色為黑、為白、為赤、為黃耶？未可拔箭！我應先知弓弦為筋、為絲、為紵、為麻耶？未可拔箭！我應先知箭簳為木、為竹耶？未可拔箭！我應先知箭纏為是牛筋、為麞鹿筋、為是絲耶？未可拔箭！我應先知箭羽為*鶮鷚☆毛、為鵰鷲毛、為鶤鷄毛、為鵠毛耶？未可拔箭！我應先知箭鏑為錍、為矛、為鈹刀耶？未可拔箭！我應先知作箭鏑師如是姓、如是名、如是生？為長、短、麤、細？為黑、白、不黑不白？為東方、西方、南方、北方耶？』彼人竟不得知，於其中間而命終也。

「若有愚癡人作如是念：『若世尊不為我一向說世有常者，我不從世尊學梵行。』彼愚癡人竟不得知，於其中間而命終也。如是世無有常？世有底，世無底？命即是身，為命異身異？如來終，如來不終，如來終不終，如來亦非終亦非不終耶？若有愚癡人作如是念：『若世尊不為我一向說此是真諦，餘皆虛妄言者，我不從世尊學梵行。』彼愚癡人竟不得知，於其中間而命終也。

「世有常，因此見故，從我學梵行者，此事不然。如是世無有常？世有底，世無底？命即是身，為命異身異？如來終，如來不終，如來終不終，如來亦非終亦非不終耶？因此見故，從我學梵行者，此事不然。世有常，有此見故，不從我學梵行者，此事不然。如是，世無有常？世有底，世無底？命即是身，為命異身異？如來終，如來不終，如來終不終，如來亦非終亦非不終耶？有此見故，不從我學梵行者，此事不然。

「世有常，無此見故，從我學梵行者，此事不然。如是世無有常？世有底、世無底？命即是身，為命異身異？如來終，如來不終，如來終不終，如來亦非終亦非不終耶？無此見故，從我學梵行者，此事不然。世有常，無此見故，從我學梵行者，此事不然。如是世無有常？世有底，世無底？命即是身，為命異身異？如來終，如來不終，如來終不終，如來亦非終亦非不終耶？無此見故，不從我學梵行者，此事不然。

「世有常者，有生、有老、有病、有死，愁慼啼哭、憂苦懊惱，如是此淳大苦陰生。如是世無常；世有底，世無底；命即是身，為命異身異；如來終，如來不終，如來終不終，如來亦非終亦非不終者，有生、有老、有病、有死，愁慼啼哭、憂苦懊惱，如是此淳大苦陰生。

「世有常，我不一向說此。以何等故，我不一向說此？此非義相應，非法相應，非梵行本，不趣智、不趣覺、不趣涅槃，是故我不一向說此。如是世無常，世有底，世無底，命即是身，為命異身異，如來終，如來不終，如來終不終，如來亦非終亦非不終，我不一向說此。以何等故，我不一向說此？此非義相應，非法相應，非梵行本，不趣智、不趣覺、不趣涅槃，是故我不一向說此也。

「何等法我一向說耶？此義我一向說：苦、苦習、苦滅、苦滅道跡，我一向說。以何等故，我一向說此？此是義相應，是法相應，是梵行本，趣智、趣覺、趣於涅槃，是故我一向說此。是為不可說者則不說，可說者則說，當如是持！當如是學！」

佛說如是，彼諸比丘聞佛所說，歡喜奉行。

箭喻經第十竟二千二十七字

(二二二)中阿含例品例經第十一 第五後誦

我聞如是：一時，佛遊舍衛國，在勝林給孤獨園。

爾時世尊告諸比丘：「若欲斷無明者，當修四念處。云何欲斷無明者，當修四念處？若時如來出世，無所著、等正覺、明行成為、善逝、世間解、無上士、道法御、天人師、號佛、衆祐，彼斷乃至五蓋、心穢、慧羸，觀內身如身，至觀覺、心、法如法，是謂欲斷無明者，當修四念處。如是數斷、解脫、過度、拔絕、滅止、總知、別知，欲別知無明者，當修四念處。云何欲別知無明者，當修四念處？若時如來出世，無所著、等正覺、明行成為、善逝、世間解、無上士、道法御、天人師、號佛、衆祐，彼斷乃至五蓋、心穢、慧羸，觀內身如身，至觀覺、心、法如法，是謂欲別知無明者，當修四念處。

「欲斷無明者，當修四正斷。云何欲斷無明者，當修四正斷？若時如來出世，無所著、等正覺、明行成為、善逝、世間解、無上士、道法御、天人師、號佛、衆祐，彼斷乃至五蓋、心穢、慧羸，已生惡不善法為斷故，發欲求方便，精勤學心斷；未生惡不善法為不生故，發欲求方便，精勤學心斷；未生善法為生故，發欲求方便，精勤學心斷；已生善法為久住不忘、不退、增長、廣大、修習具足故，發欲求方便，精勤學心斷，是謂欲斷無明者，當修四正斷。如是數斷、解脫、過度、拔絕、滅止、總知、別知，欲別知無明者，當修四正斷。云何欲別知無明者，當修四正斷？若時如來出世，無所著、等正覺、明行成為、善逝、世間解、無上士、道法御、天人師、號佛、衆祐，彼斷乃至五蓋、心穢、慧羸，已生惡不善法為斷故，發欲求方便，精勤舉心斷；未生惡不善法為不生故，發欲求方便，精勤舉心斷；未生善法為生故，發欲求方便，精勤舉心斷；已生善法為久住不忘、不退、增長、廣大、修習具足故，發欲求方便，精勤舉心斷，是謂欲別知無明者，當修四正斷。

「欲斷無明者，當修四如意足。云何欲斷無明者，當修四如意足？若時如來出世，無所著、等正覺、明行成為、善逝、世間解、無上士、道法御、天人師、號佛、衆祐，彼斷乃至五蓋、心穢、慧羸，修欲定如意足，成就斷行，依離、依無欲、依滅，趣非品；如是修精進定、心定也，修思惟定如意足，成就斷行，依離、依無欲、依滅，趣非品，是謂欲斷無明者，當修四如意足。如是數斷、解脫、過度、拔絕、滅止、總知、別知，欲別知無明者，當修四如意足。云何欲別知無明者，當修四如意足？若時如來出世，無所著、等正覺、明行成為、善逝、世間解，無上士、道法御、天人師、號佛、衆祐，彼斷乃至五蓋、心穢、慧羸，修欲定如意足，成就斷行，依離、依無欲、依滅，趣非品；如是修精進定、心定也，修思惟定如意足，成就斷行，依離、依無欲、依滅，趣非品。是謂欲別知無明者，當修四如意足。

「欲斷無明者，當修四禪。云何欲斷無明者，當修四禪？若時如來出世，無所著、等正覺、明行成為、善逝、世間解、無上士、道法御、天人師、號佛、衆祐，彼斷乃至五蓋、心穢、慧羸，離欲、離惡不善之法，至得第四禪成就遊，是謂欲斷無明者，當修四禪。如是數斷、解脫、過度、拔絕、滅止、總知、別知，欲別知無明者，當修四禪。云何欲別知無明者，當修四禪？若時如來出世，無所著、等正覺、明行成為、善逝、世間解、無上士、道法御、天人師、號佛、衆祐，彼斷乃至五蓋、心穢、慧羸，離欲、離惡不善之法，至得第四禪成就遊，是謂欲別知無明者，當修四禪。

「欲斷無明者，當修五根。云何欲斷無明者，當修五根？若時如來出世，無所著、等正覺、明行成為、善逝、世間解、無上士、道法御、天人師、號佛、衆祐，彼斷乃至五蓋、心穢、慧羸，修信根，精進、念、定、慧根，是謂欲斷無明者，當修五根。如是*數斷、解脫、過度、拔絕、滅止、總知、別知，欲別知無明者，當修五根。云何欲別知無明者，當修五根？若時如來出世，無所著、等正覺、明行成為、善逝、世間解、無上士、道法御、天人師、號佛、衆祐，彼斷乃至五蓋、心穢、慧羸，修信根，精進、念、定、慧根，是謂欲別知無明者，當修五根。

「欲斷無明者，當修五力。云何欲斷無明者，當修五力？若時如來出世，無所著、等正覺、明行成為、善逝、世間解、無上士、道法御、天人師、號佛、衆祐，彼斷乃至五蓋、心穢、慧羸，修信力，精進、念、定、慧力，是謂欲斷無明者，當修五力。如是數斷、解脫、過度、拔絕、滅止、總知、別知，欲別知無明者，當修五力。云何欲別知無明者，當修五力？若時如來出世，無所著、等正覺、明行成為、善逝、世間解、無上士、道法御、天人師、號佛、衆祐，彼斷乃至五蓋、心穢、慧羸，修信力，精進、念、定、慧力，是謂欲別知無明者，當修五力。

「欲斷無明者，當修七覺支。云何欲斷無明者，當修七覺支？若時如來出世，無所著、等正覺、明行成為、善逝、世間解、無上士、道法御、天人師、號佛、衆祐，彼斷乃至五蓋、心穢、慧羸，修念覺支，依離、依無欲、依滅，趣非品。如是修法、精進、喜、息、定也，修捨覺支，依離、依無欲、依滅，趣非品，是謂欲斷無明者，當修七覺支。如是數斷、解脫、過度、拔絕、滅止、總知、別知，欲別知無明者，當修七覺支。云何欲別知無明者，當修七覺支？若時如來出世，無所著、等正覺、明行成為、善逝、世間解、無上士、道法御、天人師、號佛、衆祐，彼斷乃至五蓋、心穢、慧羸，修念覺支，依離、依無欲、依滅，趣非品；如是修法、精進、喜、息、定也，修捨覺支，依離、依無欲、依滅，趣非品，是謂欲別知無明者，當修七覺支。」

「欲斷無明者，當修八支聖道。云何欲斷無明者，當修八支聖道？若時如來出世，無所著、等正覺、明行成為、善逝、世間解、無上士、道法御、天人號、號佛、衆祐，彼斷乃至五蓋、心穢、慧羸，修正見乃至修正定為八，是謂欲斷無明者，當修八支聖道。如是數斷、解脫、過度、拔絕、滅止、總知、別知，欲別知無明者，當修八支聖道。云何欲別知無明者，當修八支聖道？若時如來出世，無所著、等正覺、明行成為、善逝、世間解、無上士、道法御、天人師、號佛、眾祐，彼斷乃至五蓋、心穢、慧羸，修正見乃至修正定為八，是謂欲別知無明者，當修八支聖道。

「欲斷無明者，當修十一切處。云何欲斷無明者，當修十一切處？若時如來出世，無所著、等正覺、明行成為、善逝、世間解、無上士、道法御、天人師、號佛、眾祐，彼斷乃至五蓋、心穢、慧羸，修第一地一切處，四維上下，不二無量；如是修水一切處、火一切處、風一切處、青一切處、黃一切處、赤一切處、白一切處、無量空處一切處，修第十無量識處一切處，四維上下，不二無量，是謂欲斷無明者，當修十一切處。如是數斷、解脫、過度、拔絕、滅止、總知、別知，欲別知無明者，當修十一切處。云何欲別知無明者，當修十一切處？若時如來出世，無所著、等正覺、明行成為、善逝、世間解、無上士、道法御、天人師、號佛、眾祐，彼斷乃至五蓋、心穢、慧羸，修第一地一切處，四維上下，不二無量；如是修水一切處、火一切處、風一切處、青一切處、黃一切處、赤一切處、白一切處、無量空處一切處，修第十無量識處一切處，四維上下，不二無量，是謂欲別知無明者，當修十一切處。

「欲斷無明者，當修十無學法。云何欲斷無明者，當修十無學法？若時如來出世，無所著、等正覺、明行成為、善逝、世間解、無上士、道法御、天人師、號佛、衆祐，彼斷乃至五蓋、心穢、慧羸，修無學正見乃至修無學正智，是謂欲斷無明者，當修十無學法。如是數斷、解脫、過度、拔絕、滅止、總知、別知，欲別知無明者，當修十無學法。云何欲別知無明者，當修十無學法？若時如來出世，無所著、等正覺、明行成為、善逝、世間解、無上士、道法御、天人師、號佛、衆祐，彼斷乃至五蓋、心穢、慧羸，修無學正見乃至修無學正智，是謂欲別知無明者，當修十無學法。

「如無明，行亦如是。如行，識亦如是。如識，名色亦如是。如名色，六處亦如是。如六處，更樂亦如是。如更樂，覺亦如是。如覺，愛亦如是。如愛，受亦如是。如受，有亦如是。如有，生亦如是。欲斷老死者，當修四念處。云何欲斷老死者，當修四念處？若時如來出世，無所著、等正覺、明行成為、善逝、世間解、無上士、道法御、天人師、號佛、衆祐，彼斷乃至五蓋、心穢、慧羸，觀內身如身，至觀覺、心、法如法，是謂欲斷老死者，當修四念處。如是數斷、解脫、過度、拔絕、滅止、總知、別知，欲別知老死者，當修四念處。云何欲別知老死者，當修四念處？若時如來出世，無所著、等正覺、明行成為、善逝、世間解、無上士、道法御、天人師、號佛、衆祐，彼斷乃至五蓋、心穢、慧羸，觀內身如身，乃至觀覺、心、法如法，是謂欲別知老死者，當修四念處。

「欲斷老死者，當修四正斷。云何欲斷老死者，當修四正斷？若時如來出世，無所著、等正覺、明行成為、善逝、世間解、無上士、道法御、天人師、號佛、衆祐，彼斷乃至五蓋、心穢、慧羸，已生惡不善法為斷故，發欲求方便，精勤舉心斷；未生惡不善法為不生故，發欲求方便，精勤舉心斷；未生善法為生故，發欲求方便，精勤舉心斷；已生善法為久住不忘、不退、增長、廣大、修習具足故，發欲求方便，精勤舉心斷，是謂欲斷老死者，當修四正斷。如是數斷、解脫、過度、拔絕、滅止、總知、別知，欲別知老死者，當修四正斷。云何欲別知老死者，當修四正斷？若時如來出世，無所著、等正覺、明行成為、善逝、世間解、無上士、道法御、天人師、號佛、衆祐，彼斷乃至五蓋、心穢、慧羸，已生惡不善法為斷故，發欲求方便，精勤舉心斷；未生惡不善法為不生故，發欲求方便，精勤舉心斷；未生善法為生故，發欲求方便，精勤舉心斷；已生善法為久住、不忘、不退、增長、廣大、修習具足故，發欲求方便，精勤舉心斷，是謂欲別知老死者，當修四正斷。

「欲斷老死者，當修四如意足。云何欲斷老死者，當修四如意足？若時如來出世，無所著、等正覺、明行成為、善逝、世間解、無上士、道法御、天人師、號佛、衆祐，彼斷乃至五蓋、心穢、慧羸，修欲定如意足，成就斷行，依離、依無欲、依滅，趣非品；如是修精進定、心定也，修思惟定如意足，成就斷行，依離、依無欲、依滅，趣非品，是謂欲斷老死者，當修四如意足。如是數斷、解脫、過度、拔絕、滅止、總知、別知，欲別知老死者，當修四如意足。云何欲別知老死者，當修四如意足？若時如來出世，無所著、等正覺、明行成為、善逝、世間解、無上士、道法御、天人師、號佛、衆祐，彼斷乃至五蓋、心穢、慧羸，修欲定如意足，成就斷行，依離、依無欲、依滅，趣非品；如是修精進定、心定也，修思惟定如意足，成就斷行，依離、依無欲、依滅，趣非品，是謂欲別知老死者，當修四如意足。

「欲斷老死者，當修四禪。云何欲斷老死者，當修四禪？若時如來出世，無所著、等正覺、明行成為、善逝、世間解、無上士、道法御、天人師、號佛、衆祐，彼斷乃至五蓋、心穢、慧羸，離欲、離惡不善之法，至得第四禪成就遊，是謂欲斷老死者，當修四禪。如是數斷、解脫、過度、拔絕、滅止、總知、別知，欲別知老死者，當修四禪。云何欲別知老死者，當修四禪？若時如來出世，無所著、等正覺、明行成為、善逝、世間解、無上士、道法御、天人師、號佛、衆祐，彼斷乃至五蓋、心穢、慧羸，離欲、離惡不善之法，至得第四禪成就遊，是謂欲別知老死者，當修四禪。

「欲斷老死者，當修五根。云何欲斷老死者，當修五根？若時如來出世，無所著、等正覺、明行成為、善逝、世間解、無上士、道法御、天人師、號佛、衆祐，彼斷乃至五蓋、心穢、慧羸，修信根，精進、念、定、慧根，是謂欲斷老死者，當修五根。如是數斷、解脫、過度、拔絕、滅止、總知、別知，欲別知老死者，當修五根。云何欲別知老死者，當修五根？若時如來出世，無所著、等正覺、明行成為、善逝、世間解、無上士、道法御、天人師、號佛、衆祐，彼斷乃至五蓋、心穢、慧羸，修信根，精進、念、定、慧根，是謂欲別知老死者，當修五根。

「欲斷老死者，當修五力。云何欲斷老死者，當修五力？若時如來出世，無所著、等正覺、明行成為、善逝、世間解、無上士、道法御、天人師、號佛、衆祐，彼斷乃至五蓋、心穢、慧羸，修信力，精進、念、定、慧力，是謂欲斷老死者，當修五力。如是數斷、解脫、過度、拔絕、滅止、總知、別知，欲別知老死者，當修五力。云何欲別知老死者，當修五力？若時如來出世，無所著、等正覺、明行成為、善逝、世間解、無上士、道法御、天人師、號佛、衆祐，彼斷乃至五蓋、心穢、慧羸，修信力，精進、念、定、慧力，是謂欲別知老死者，當修五力。

「欲斷老死者，當修七覺支。云何欲斷老死者，當修七覺支？若時如來出世，無所著、等正覺、明行成為、善逝、世間解、無上士、道法御、天人師、號佛、衆祐，彼斷乃至五蓋、心穢、慧羸，修念覺支，依離、依無欲，依滅，趣非品；如是修法、精進、喜、息、定也，修捨覺支，依離、依無欲、依滅，趣非品，是謂欲斷老死者，當修七覺支。如是數斷、解脫、過度、拔絕、滅止、總知、別知，欲別知老死者，當修七覺支。云何欲別知老死者，當修七覺支？若時如來出世，無所著、等正覺、明行成為、善逝、世間解、無上士、道法御、天人師、號佛、衆祐，彼斷乃至五蓋、心穢、慧羸，修念覺支，依離、依無欲、依滅，趣非品；如是修法、精進、喜、息、定也，修捨覺支，依離、依無欲、依滅，趣非品，是謂欲別知老死者，當修七覺支。

「欲斷老死者，當修八支聖道。云何欲斷老死者，當修八支聖道？若時如來出世，無所著、等正覺、明行成為、善逝、世間解、無上士、道法御、天人師、號佛、衆祐，彼斷乃至五蓋、心穢、慧羸，修正見乃至修正定為八。是謂欲斷老死者，當修八支聖道。如是數斷、解脫、過度、拔絕、滅止、總知、別知，欲別知老死者，當修八支聖道。云何欲別知老死者，當修八支聖道？若時如來出世，無所著、等正覺、明行成為、善逝、世間解、無上士、道法御、天人師、號佛、衆祐，彼斷乃至五蓋、心穢、慧羸，修正見乃至修正定為八。是謂欲別知老死者，當修八支聖道。

「欲斷老死者，當修十一切處。云何欲斷老死者，當修十一切處？若時如來出世，無所著、等正覺、明行成為、善逝、世間解、無上士、道法御、天人師、號佛、衆祐，彼斷乃至五蓋、心穢、慧羸，修第一地一切處，四維上下，不二無量；如是修水一切處、火一切處、風一切處、青一切處、黃一切處、赤一切處、白一切處、無量空處一切處，修第十無量識處一切處，四維上下，不二無量，是謂欲斷老死者，當修十一切處。如是數斷、解脫、過度、拔絕、滅止、總知、別知，欲別知老死者，當修十一切處。云何欲別知老死者，當修十一切處？若時如來出世，無所著、等正覺、明行成為、善逝、世間解、無上士、道法御、天人師、號佛、衆祐，彼斷乃至五蓋、心穢、慧羸，修第一地一切處，四維上下，不二無量；如是修水一切處、火一切處、風一切處、青一切處、黃一切處、赤一切處、白一切處、無量空處一切處，修第十無量識處一切處，四維上下，不二無量，是謂欲別知老死者，當修十一切處。

「欲斷老死者，當修十無學法。云何欲斷老死者，當修十無學法？若時如來出世，無所著、等正覺、明行成為、善逝、世間解、無上士、道法御、天人師、號佛、衆祐，彼斷乃至五蓋、心穢、慧羸，修無學正見乃至修無學正智，是謂欲斷老死者，當修十無學法。如是數斷、解脫、過度、拔絕、滅止、總知、別知，欲別知老死者，當修十無學法。云何欲別知老死者，當修十無學法？若時如來出世，無所著、等正覺、明行成為、善逝、世間解、無上士、道法御、天人師、號佛、衆祐，彼斷乃至五蓋、心穢、慧羸，修無學正見乃至修無學正智，是謂欲別知老死者，當修十無學法。」

佛說如是，彼諸比丘聞佛所說，歡喜奉行。

例經第十一竟 四千八百七十三字

中阿含經卷第六十一萬一千三百七十七字

◎中阿含例品第四竟二萬二千一百四十九字

◎第五後誦訖☆

後出中阿含經記

昔釋法師於長安出中阿含、增壹、阿毘曇、廣說、僧伽羅叉、阿毘曇心、婆須蜜、三法度、二眾從解脫、從解脫緣。此諸經律，凡百餘萬言，並違本失旨，名不當實，依俙屬辭，句味亦差；良由譯人造次，未善晉言，故使爾耳。會燕秦交戰，關中大亂，於是良匠背世，故以弗獲改正，乃經數年。

至關東小清，冀州道人釋法和、罽賓沙門僧伽提和，招集門徒，俱遊洛邑，四、五年中研講遂精，其人漸曉漢語，然後乃知先之失也。於是和乃追恨先失，即從提和，更出阿毘曇及廣説也。自是之後，此諸經律漸皆譯正，唯中阿含、僧伽羅叉、婆須蜜、從解脱緣未更出耳。會僧伽提和進遊京師，應運流化，法施江左。

于時晉國大長者尚書令衞將軍、東亭侯優婆塞王元琳，常護持正法，以為己任，即檀越也。為出經故，造立精舍，延請有道釋慧持等義學沙門四十餘人，施諸所安，四事無乏。又豫請經師僧伽羅叉，長供數年。然後乃以晉隆安元年丁酉之歲十一月十日，於揚州丹陽郡建康縣界，在其精舍，更出此中阿含。請罽賓沙門僧伽羅叉令誦胡本，請僧伽提和轉胡為晉，豫州沙門道慈筆受，吳國李寶、康化共書，至來二年戊戌之歲六月二十五日，草本始訖。此中阿含凡有五誦，都十八品，有二百二十二經。合五十一萬四千八百二十五字，分為六十卷。時遇國大難，未即正書，乃至五年辛丑之歲，方得正寫，校定流傳。其人傳譯，准之先出，大有不同。於此二百二十二經中，若委靡順從，則懼失聖旨；若從本制，名類多異舊，則逆忤先習，不怗眾情。是以其人不得自專，時有改本，從舊名耳。然五部異同，孰知其正？而道慈愚意怏怏，於違本故諸改名者，皆抄出注下，新舊兩存，別為一卷，與目錄相連，以示於後。將來諸賢，令知同異，得更採訪，脫遇高明外國善晉胡方言者，訪其得失，刊之從正。

南無護法韋馱尊天菩薩

中阿含經

主　編─全佛編輯部
出版者─全佛文化出版社
地址／台北市信義路三段二〇〇號五樓
永久信箱／台北郵政二六～三四一號信箱
電話／（〇二）七〇一一〇五七・七〇一〇九四五
郵撥／一七六二六五五八　全佛文化出版社
全套定價─新台幣一二〇〇〇元（八冊）
初　版─一九九七年四月

國家圖書館出版品預行編目資料

中阿含經／（東晉）罽賓三藏瞿曇僧伽提婆譯；
全佛編輯部主編. --初版. --臺北市：全
佛文化，1997［民 86］
冊；　公分

ISBN 957-9462-68-2(一套：平裝)

1.小乘經典

221.82　　86004085

隨身佛典

中阿含經

東晉罽賓三藏瞿曇僧伽提婆　譯

隨身佛典

中阿含經

東晉罽賓三藏瞿曇僧伽提婆 譯